Wolfgang Zemanek

Dörren und Trocknen

stv

Wolfgang Zemanek

Dörren und Trocknen

Regional & saisonal

Leopold Stocker Verlag
Graz – Stuttgart

Titelbild: Wolfgang Zemanek
Bildnachweis: Die Bilder im Textteil wurden dem Verlag freundlicherweise vom Autor zur Verfügung gestellt, sofern nicht direkt beim Bild anders vermerkt.

Bibliographische Information der Deutschen Bibliothek
Die Deutsche Bibliothek verzeichnet diese Publikation in der Deutschen Nationalbibliografie; detaillierte bibliografische Daten sind im Internet unter http://dnb.d-nb.de abrufbar.

Hinweis: Dieses Buch wurde auf chlorfrei gebleichtem Papier gedruckt. Die zum Schutz vor Verschmutzung verwendete Einschweißfolie ist aus Polyethylen chlor- und schwefelfrei hergestellt. Diese umweltfreundliche Folie verhält sich grundwasserneutral, ist voll recyclingfähig und verbrennt in Müllverbrennungsanlagen völlig ungiftig.

Auf Wunsch senden wir Ihnen gerne kostenlos unser Verlagsverzeichnis zu:
Leopold Stocker Verlag GmbH
Hofgasse 5, Postfach 438
A-8011 Graz
Tel.: +43 (0)316/821636
Fax: +43 (0)316/835612
E-Mail: stocker-verlag@stocker-verlag.com
www.stocker-verlag.com

ISBN 978-3-7020-2057-6

Umschlaggestaltung, Layout und Repro: DSR Werbeagentur Rypka GmbH, 8143 Dobl/Graz, www.rypka.at

INHALT

VORWORT

Ich beschäftige mich schon seit Kindertagen mit dem Dörren von pflanzlichen Lebensmitteln. Erste Erfahrungen damit habe ich im Garten meiner Großeltern gemacht: Es hat mich sehr begeistert, wie sich auf einem ganz einfachen orangen Dörrgerät Großvaters heiß geliebte, für mich damals nicht besonders aufregende Äpfel in wenigen Stunden in eine köstliche Nascherei verwandelt haben. Mein Großvater war leidenschaftlicher Pomologe und hat sich schon immer mit alten, besonderen Obstsorten beschäftigt. So waren „Baumanns Reinette", der „Lavanttaler Bananenapfel" und „Kronprinz Rudolf" nicht nur geliebte Kletterbäume und Schattenspender, sondern einfach ganz wichtige „Freunde" in meinem Leben. Während meines Landwirtschaftsstudiums an der Universität für Bodenkultur sind mir dann erst so richtig die Bedeutung der alten Obstsorten und der ökologische Wert der Steuobstwiesen bewusst geworden, und ich habe die Leidenschaft meines Großvaters erst dann richtig verstanden.

Ich habe die verschiedenen Konservierungsverfahren im Studium sehr intensiv von der wissenschaftlichen Seite her kennengelernt und Vor- sowie Nachteile abzuwägen gelernt. Ich konnte mir ein Fachwissen aneignen, das dann im Anschluss an das Studium für meinen Beruf als Kräutergärtner und -verarbeiter unschätzbare Dienste ge-

leistet hat. Ist das Dörren schließlich die wichtigste Methode zum Konservieren von Arznei- und Gewürzpflanzen!

Dieses Fachbuch ist ein Nachschlagewerk für all jene, die in erster Linie pflanzliche Produkte aus dem eigenen Anbau haltbar machen wollen.
Ein Teil dieses Buches beschäftigt sich aber trotzdem mit dem Konservieren von Pflanzen, die noch nicht in unserem Klima wachsen. Natürlich können auch exotische Früchte zu hervorragende Dörrprodukten veredelt werden! Und schließlich sind in den letzten Jahren viele „Exoten“ zu einheimischen Gartengewächsen geworden, die erfolgreich in Mitteleuropa kultiviert werden können – sicher werden wir uns auf dem Gebiet dieser botanischen Einbürgerung in nächster Zeit noch mit einigen Veränderungen befassen müssen.

Ob nur für die eigene Familie getrocknet und gedörrt wird oder auch Produkte für die Direktvermarktung und den Hofladen entstehen sollen, bleibt dabei offen. Ziel ist jedenfalls, beste Verarbeitungsprodukte zu erzeugen.

Ganz bewusst wird bis auf wenige Ausnahmen auf Kulturhinweise und Anbauanleitungen verzichtet. Zu diesen Themen gibt es auf dem Markt bereits viele Fachbücher. Das vorliegende Praxisbuch konzentriert sich auf die Konservierung von pflanzlichen Lebensmitteln, daher beginnen die fachlichen Beiträge mit der Ernte.

Experten im Bereich des Trocknens und Dörrens sollen durch dieses Buch ihr Wissen weiter vertiefen können und Anfänger angeregt werden, in diese uralte Konservierungstechnik einzusteigen. Es macht große Freude, den Wert eigener Produkte zu erkennen und durch fachgerechtes Handeln die Qualität der eigenen Arbeit zu steigern.

Wolfgang Zemanek
Pöllau in der Oststeiermark im März 2023

EINLEITUNG

HALTBARMACHEN DURCH TROCKNUNG (TROCKNEN UND DÖRREN)

Konservieren durch Wasserentzug ist eine uralte und bestens erprobte Methode, Lebensmittel haltbar zu machen. Ziel ist es, den Wassergehalt im Lebensmittel durch natürliches Trocknen oder durch Dörren mithilfe von Geräten (Definitionen der beiden Begriffe siehe S. 14 und 15) so weit zu reduzieren, dass Mikroorganismen sich nicht weiter vermehren können. Es ist dabei notwendig, den ursprünglichen Wassergehalt von durchschnittlich 80 % in der Pflanze auf etwa 12 % zu reduzieren. Während sich das Gewicht von getrockneten bzw. gedörrten Lebensmitteln reduziert, bleiben die Inhaltsstoffe bei richtiger Dehydration weitgehend erhalten – das bedeutet, sie sind in höherer Konzentration enthalten.

Je höher die Temperatur beim Dehydrieren ist, umso schneller verläuft der Vorgang der Wasserabgabe, aber umso mehr unerwünschte Veränderungen passieren dabei im pflanzlichen Lebensmittel.

Beim Dehydrieren muss ein Kompromiss zwischen rascher Wasserabgabe und größt-

möglicher Produktschonung eingegangen werden. Die optimale Methode beim Dörren ist vom jeweiligen Ausgangsprodukt abhängig.

Vorteile des Konservierens durch Trocknung

- Durch den Wasserentzug wird das Trocknungsgut leichter, und das Volumen verringert sich deutlich.
- Der Platzbedarf für die Lagerung von Trocknungsgut ist gegenüber Frischware und anderen Formen der Konservierung (z. B. Einkochen) sehr gering, weil das Trocknungsgut bei der Trocknung sehr stark an Volumen und Gewicht verliert.
- Die Lagerung benötigt keine Energie. (Beim Tiefkühlen muss ständig Strom zugeführt werden.)
- Bei der Verwendung von Sonnenenergie oder Abwärme (über einem Brotbackofen oder Küchenofen, in einem sauberen Heizraum ...) bzw. durch Ausnutzung der Restwärme nach dem Backvorgang (im Backrohr oder Brotbackofen) kann sehr energiesparend gedörrt werden.
- Bei der Verwendung von getrockneten oder gedörrten Lebensmitteln zum Kochen kann Zeit eingespart werden, denn die Lebensmittel wurden ja schon vor der Trocknung geputzt, geschält, entsteint, zerkleinert ...
- Bei der Trocknung bleiben viele wertvolle Inhaltsstoffe erhalten.
- Getrocknete und gedörrte Lebensmittel eignen sich als schneller Energielieferant: zum Beispiel in der Schule, auf dem Arbeitsplatz, bei sportlicher Aktivität ...

Nachteile des Konservierens durch Trocknung

- Möglicher Vitaminverlust (vor allem Vitamin B und C) besonders bei höheren Trocknungstemperaturen ab 42 °C. Aber auch bei niedrigen Trocknungstemperaturen muss mit einer Reduktion des Gehalts mancher Vitamine gerechnet werden.
- Dörren erfordert Energie. Energieeinsatz verursacht Kosten
- Die Vorbereitung der Rohware, die unmittelbar vor der Trocknung erforderlich ist, ist bei einigen Produkten mit viel Aufwand verbunden.
- Der Trocknungsprozess muss überwacht werden und unterscheidet sich bei jedem Rohprodukt, oft sogar bei den einzelnen Sorten. Generelle Angaben sind daher nur schwer zu erstellen.
- Einige Rohprodukte verlieren bei der Trocknung erheblich an Qualität (z. B.: einige Würzkräuter).

TROCKNEN UND DÖRREN – WAS IST DER UNTERSCHIED?

Trocknen von pflanzlichen Lebensmitteln

DEFINITION: Trocknen = natürliche Trocknung

Als natürliches Trocknen wird das Dehydrieren (der Entzug von Feuchtigkeit aus dem Inneren der Pflanze) von pflanzlichen Ernteprodukten ohne Einsatz von technischen Einrichtungen und künstlichen Energiequellen bezeichnet (z. B. das Trocknen von Kräutern, die in einer Scheune aufgehängt werden).

Kräuter können bei warmem, trockenem Wetter auf einfachen Trockenhorden oder in Bündeln aufgehängt getrocknet werden. Diese Methoden des Wasserentzugs ohne technische Hilfsmittel und Zusatzenergie bezeichnet man als (natürliches) Trocknen.

Grundbedingung für erfolgreiches Trocknen ist trockene (Umgebungs-)Luft. Trocknen ist nur dann möglich, wenn die relative Luftfeuchte der Trocknungsluft unter der Gleichgewichtsfeuchte (Definition siehe S. 33) des zu trocknenden Lebensmittels liegt. Ist keine große Differenz zwischen Gleichgewichtsfeuchte und relativer Luftfeuchte gegeben, verläuft die Trocknung nur langsam oder überhaupt nicht. Die Folge ist, dass das Lebensmittel durch Schimmelbefall oder sonstigen Verderb unbrauchbar wird. Warme, trockene Luft und eine stetige Zirkulation (Luftbewegung) sind Grundvoraussetzung für eine erfolgreiche natürliche Trocknung.

Dörren von pflanzlichen Lebensmitteln

DEFINITION: Dörren

Als Dörren bezeichnet man das Dehydrieren von pflanzlichen Ernteprodukten unter Verwendung von technischen Einrichtungen, Zusatzenergie und gesteuerter Belüftung (z. B. das Dörren von Apfelringen in einem modernen Dörrgerät).

Um hochwertige und sichere Lebensmittel zu erzeugen, muss das Entfernen des Wassers aus der Pflanze möglichst schnell, aber unter bestmöglicher Schonung der Inhaltsstoffe wie z. B. Vitamine, Enzyme etc. geschehen.

Das Trocknen ohne Zusatzenergie und gesteuerte Belüftung dauert meist zu lange, und die Trocknungstemperatur kann nur in sehr begrenztem Rahmen gesteuert werden. Daher kann zur Erzeugung hochwertiger Dörrprodukte nicht auf die Verwendung von Dörrgeräten unterschiedlicher Bauart verzichtet werden.

„Trocknung“ als Überbegriff

Da im umgangssprachlichen Gebrauch und auch in den meisten Büchern fast immer von „trocknen“ die Rede ist, obwohl „dörren“ gemeint ist, wurde in diesem Buch der Begriff „Trocknung“ als allgemeiner, für beide Methoden gültige Bezeichnung verwendet.

WICHTIG! Dörren ist sicherer

Im Sinne einer zeitgemäßen Lebensmittelproduktion können keine sicheren und qualitativ hochwertigen Lebensmittel durch Trocknen hergestellt werden. Nur durch Dörren kann gewährleistet werden, dass die Endprodukte einen hohen Gehalt an wertgebenden Inhaltsstoffen bei gleichzeitig geringer Keimbelastung haben.

Nur mit der Verwendung von Dörrgeräten können hochwertige Dörrprodukte erzeugt werden. Für die Verarbeitung von Obst und Gemüse zu Qualitätsprodukten ist das natürliche Trocknen nicht geeignet.

DÖRREN UND TROCKNEN FRÜHER UND HEUTE

Das Trocknen von Obst war die erste bekannte Konservierungsmethode der Menschheit. Trockenobst wurde ursprünglich v. a. in „heißen“ Ländern produziert, wie z. B. im Irak, im Iran und in der Türkei. Datteln, Feigen und Weintrauben fielen von den Bäumen und Sträuchern und trockneten in der Sonnenhitze ein. Vom Nahen Osten verbreitete sich

Ein altes Dörrhäusl, etwas abseits des Hofes errichtet, mit einem tief liegenden Feuerraum.

die Konservierungsmethode des Trocknens über Griechenland nach Italien. Dort waren Rosinen und Datteln ein wichtiges Grundnahrungsmittel. In Asien wurden seit jeher Pflaumen, Pfirsiche und Marillen kultiviert und auch durch Trocknen konserviert.

Mit zunehmender Technisierung wurde Obst nicht mehr nur natürlich getrocknet, sondern mithilfe von Geräten gedörrt, wodurch auch in Ländern mit weniger Sonneneinstrahlung Obst durch Dehydrierung konserviert werden konnte.

HINWEIS! Dörren statt Trocknen

In klimatisch kühleren Gefilden reicht im Spätherbst, also zur Haupterntezeit, die Sonneneinstrahlung auf keinen Fall für die natürliche Trocknung aus, wie es in mediterranen Gebieten oder im Nahen Osten der Fall ist. Aus diesem Grund wurden schon früh technische Hilfsmittel wie Dörrhäuser entwickelt, und aus dem Trocknen wurde das Dörren.

ZUR GESCHICHTE DES DÖRRENS IM DEUTSCHSPRACHIGEN RAUM

Das Dörrhaus

Auf alten Bauernhöfen in Österreich, im Süden Deutschlands und auch in Südtirol sind oft noch einfache Dörrhäuser zu finden. Die in Österreich auch „Diaheisl" oder „Darrhütte" genannten Gebäude wurden wegen der Brandgefahr mit einigem Abstand zu anderen Gebäuden frei errichtet, und zwar immer

Dieses traditionelle Dörrhaus im Freilichtmuseum Stübing (Steiermark) hat einen gemauerten, gekalkten Ofenteil mit Gewölbe, einen darüberliegenden, aus Holz gezimmerten Dörrraum und ein Satteldach. Leider sind nur noch wenige Dörrhäuser funktionsfähig erhalten.

in Haupt-Windrichtung abseits von den anderen Gebäuden einer Hofstatt errichtet, um im Falle des Abrennens die anderen Gebäude nicht durch Funkenflug zu gefährden. Im Volksmund hieß es: „Der ‚Teixl' sitzt gern in der Darrhütte und lässt sie niederbrennen."

Dörrhäuser hatten meist ein Satteldach und bestanden aus einem Dörrraum (aus Holz), einem gemauerten Ofenteil und einem tiefer liegenden Feuerraum, der mit Holz beheizt wurde, um in der aufsteigenden Wärme im Dörrraum Äpfel und Zwetschken zu dörren und natürlich die in Österreich berühmten „Kletzen" (gedörrte Birnen) herzustellen.

Das Feuer im Feuerungsdom muss genau beobachtet werden. Alle 3–4 Stunden wird mit großen Holzscheiten nachgeheizt.

Der Ofenteil

Über dem aus Natursteinen gemauerten Fundament mit dem Feuerraum gibt es ein Gewölbe. Der Raum zwischen der Mauerkante des Fundamentes und dem Gewölbe ist mit Geröll befüllt, um einen möglichst großen Wärmespeicher zu erhalten. Das Heizloch befindet sich meist auf der gegenüberliegenden Seite der Tür zum Dörraum.

Der Dörrteil

Über dem aus Steinen gemauerten Ofenteil bildet ein meist in Blockbauweise aus Vollholz gezimmerter Gebäudeteil die eigentliche Dörrkammer. In der Dörrkammer befinden sich Darren, die zum Befüllen und Entleeren aus dem Dörrhaus gezogen werden können. Da im Herbst innerhalb weniger Tage die gesamte Ernte konserviert werden muss, haben die Darren meist eine Fläche von etlichen Quadratmetern und sind in der traditionellen Bauweise aus Holzgeflecht sehr schwer.

Ein großer Nachteil der Dörrhäuser ist die ungleichmäßige Wärmeverteilung im Bereich der Darren: Direkt über dem Gewölbe (dem „Feuerungsdom") ist die Temperatur oft um 30 °C höher als weiter oben im Dörrhaus. Daher ist ein mehrmaliges Umschlichten der Darren notwendig.

Ein weiteres Problem – besonders bei alten Dörrhäusern – stellt die Bauart dar: Der große Unterschied zur Selch(-kammer) besteht darin, dass im Dörrhaus das Dörrgut nicht in Berührung mit den Abgasen aus dem Holzfeuer kommen darf. Dörrobst ist daher nicht mit gesundheitlich bedenklichen Stoffen verunreinigt. Wenn allerdings das Gewölbe undicht ist, dringen Rauchgase in den Dörrraum, das gedörrte Produkt schmeckt nach Rauch und ist mit gesundheitsschädlichem Benzpyren belastet.

Die Kunst des Heizens

Das Aufheizen des Dörrhauses erfolgt mit grobem Brennholz und dauert mehrere Tage. Das Gewölbe (Feuerungsdom) muss langsam erwärmt werden, sonst reißt das Mauerwerk. Wenn eine Betriebstemperatur von ca. 70 °C erreicht worden ist, kann mit dem Dörren begonnen werden. Die Temperatur wird durch ständiges Nachheizen (etwa alle 4 Stunden) mit groben Holzstücken, meist Buche oder Eiche, gehalten, bis die ganze Ernte gedörrt ist. Wird das Dörrhaus zu stark beheizt, besteht akute Brandgefahr!

Das aufwendige Anheizen und Halten der Hitze war der Hauptgrund, warum ein Dörrhaus nur einmal im Jahr, zur Haupterntezeit von Äpfeln, Birnen und Zwetschken, beheizt wurde. Zum Dörren vom Gemüse, Beeren oder Kräutern war das Dörrhaus gänzlich ungeeignet und wurde dafür auch nie verwendet. Das Konservieren von Gemüse durch Dörren war daher früher auch nicht üblich.

HINWEIS! Dörrhäuser noch in Gebrauch

In einigen Gegenden, wie z. B. im Salzkammergut, sind alte Dörrhäuser noch in Gebrauch, wie die beiden Büchlein von Rudolf Aumüller „Dörrhüttl-Pass“ und „Dörrhüttl-Pass II“ belegen (siehe Literaturverzeichnis).

Der Dörrvorgang im Dörrhaus

Die Trocknung von Obst (hauptsächlich Birnen) dauert im Dörrhaus von einigen Tagen bis zu einer Woche. Die Dörrdauer hängt von Obstart und -sorte, Größe der Früchte, Temperatur im Dörrhaus und von der Luftfeuchtigkeit der Außenluft ab.

Zwetschken wurden meist im Ganzen, also mit Stein, oder halbiert (entsteint) gedörrt. Am häufigsten jedoch wurden früher wohl Birnen gedörrt – meist im Ganzen, manchmal auch halbiert. Halbierte Birnen dörren viel schneller, für diese aufwendige Arbeit war aber in der kurzen Erntesaison nur selten Zeit. Die Dörrbirnen, in vielen Regionen Österreichs als „Kletzen“ bekannt, waren im Winter wichtige Zutat für allerlei Gerichte wie „Kletzennudeln“ oder „Kletzenbrot“ (Rezepte und genauere Information zum Dörren von Birnen siehe S. 65–68 und 87–90).

Gezimmerter Dörrraum mit Darren für das Dörrgut. Die Türen sind immer auf der dem Heizloch gegenüberliegenden Seite. Das Dörrgut darf nicht mit Rauch und Feuer in Kontakt kommen.

PRAXIS DES NATÜRLICHEN TROCKNENS

Für viele Produkte ist das natürliche Trocknen nicht geeignet, weil der Trocknungsvorgang zu lange dauert und dadurch kein perfektes Trockenprodukt entstehen kann. Daher ist das Dörren dem Trocknen vorzuziehen. Dennoch soll hier kurz auf das Trocknen ohne künstliche Wärmezufuhr eingegangen werden. Das natürliche Trocknen sollte bis auf wenige Ausnahmen (z. B. Pilze, Paprika) im Schatten erfolgen, da das direkte Sonnenlicht die Farbe und die Qualität des Trockengutes ungünstig beeinflussen kann. Das heißt, die zu trocknenden Pflanzenteile bleichen aus, es kommt zu einer Reduktion von Farbe, Aroma und anderen wertgebenden Inhaltsstoffen. Das Trocknen sollte nur an Tagen mit geringer Luftfeuchtigkeit erfolgen, da es sonst sehr schnell zu Befall mit Schimmelpilzen kommen kann, die lange Zeit nicht sichtbar sind.

Während der Nacht darf das Trockengut nicht im Freien verbleiben, da es sonst einer zu hohen Luftfeuchtigkeit ausgesetzt ist. Wenn in den einzelnen Anleitungen eine schnelle Trocknung gefordert wird, ist vom natürlichen Trocknen dringend abzuraten. Erfolgt das Trocknen zu langsam, ist die Ge-

Wenn, dann sollten Kräuter nur in ganz kleinen Bündeln getrocknet werden. Im Bündel trocknen die Pflanzen sehr ungleichmäßig, und durch die lange Trocknungsdauer ist die Vermehrung von Mikroorganismen eine nicht zu unterschätzende Gefahr.

fahr von Schimmelbefall und Farbveränderungen gegeben.

Trocknen in Bündeln

Diese Art des Trocknens sollte außer bei Zierpflanzen für Trockensträuße nur in Ausnahmefällen angewendet werden. Im Inneren eines Bündels, besonders dann, wenn es sich um größere Bündel handelt, gibt es nur sehr wenig Luftzirkulation und damit einen schlechteren Abtransport der Feuchtigkeit. Wird nun so lange getrocknet, bis auch die innersten Stellen des Bündels für die anschließende Lagerung ausreichend trocken sind, sind die Blätter an der Außenseite des Bündels schon stark übertrocknet – mit unvermeidlichen Verlusten an Aroma und Wirkstoffen. Daher sollten nicht zu große Pflanzenmengen zu Bündeln gebunden werden. Die Bündel sollten so luftig wie möglich aufgehängt werden. Zusammenfassend kann gesagt werden, dass nur in Ausnahmefällen und bei sehr kleinen Mengen in Bündeln getrocknet werden sollte. Das Trocknen in Bündeln ist nur bei Blattkräutern möglich. Blüten, Früchte, Wurzeln, Obst und Gemüse lassen sich nicht in Bündeln trocknen!

Trocknen auf Trockenhorden

Im Gegensatz zur traditionellen Methode des Trocknens in Bündeln bietet das Trocknen auf Horden eine Vielzahl von Vorteilen:

- Es können größerer Mengen auf einmal getrocknet werden.
- Der Arbeitsaufwand beim Trocknen auf Horden ist viel geringer als das Binden von Kräuterbündeln.
- Werden Blätter vor dem Trocknen von den Stängeln abgetrennt (gerebelt), ist die Zeit zum Trocknen viel kürzer, denn holzige Stängel brauchen weit länger zum Trocknen als weiche Teile einer Pflanze.
- Die laufende Kontrolle des Trockengutes ist auf Trockenhorden viel einfacher.

Zitronenmelisse auf einer einfachen Trockenhorde. Das Gitter ist Fliegengitter aus dem Haushaltsbedarf. Für den Bau von Trocknungshorden für Lebensmittel, die „in Verkehr gebracht werden", müssen für die Gitter Konformitätserklärungen vorhanden sein. Solche Gitter gibt es zum Beispiel bei Firmen, die Getreidemühlen ausstatten.

- Bei Bedarf kann das Trockengut einfach gelockert, gewendet und umgeschichtet werden.
- Es ist leichter zu erkennen, wann der Trockenvorgang abgeschlossen ist.

Platzbedarf beim Trocknen auf Horden

Die Schütthöhe darf bei natürlichem Trocknen auf Horden nur wenige cm betragen. Als Richtwert können pro m^2 Trockenhorde folgende Mengen Arznei- und Gewürzpflanzen getrocknet werden:

- 0,5 kg Blüten
- 1,5 kg Blätter
- 2,5 kg Wurzeln
- 2,0 kg Obst und Gemüse

Nachteile des natürlichen Trocknens

- Auf die Temperatur und deren Verlauf während des Trocknens kann nur sehr eingeschränkt Einfluss genommen werden. An sonnigen Tagen werden auf Dachböden oft Temperaturen von weit über 50 °C erreicht, dagegen erfolgt das Trocknen an regnerischen Tagen mit hoher Luftfeuchtigkeit nur sehr langsam und unzureichend.

- Das Trockengut muss immer vor Insekten und direkter Sonneneinstrahlung geschützt verarbeitet werden. Durch Abdecken wird die notwendige Luftzirkulation aber zusätzlich eingeschränkt.
- Besonders für Rohwaren, die eine schnelle Trocknung und eine Steuerung der Trocknungstemperaturen verlangen, ist das natürliche Trocknen auszuschließen!

DÖRREN MODERN

Definition Dörren (= künstliche Trocknung)

Unter dem Begriff „Dörren" versteht man wie schon erwähnt die Trocknung von Lebensmitteln unter Einsatz von technischen Einrichtungen und künstlichen Energiequellen. Dabei kann es sich um traditionelle Dörrhäuser, die noch in Betrieb sind, um Holzbacköfen, in denen nach dem Brotbacken Obst oder Gemüse gedörrt wird, um haushaltsübliche Backöfen, kleinere Dörrgeräte für private Haushalte oder größere Dörrvorrichtungen für Direktvermarkter handeln

Bei der künstlichen Trocknung wird die Luft erwärmt oder entfeuchtet und dem Trocknungsgut damit die Feuchtigkeit entzogen. Die Trocknungstemperatur richtet sich dabei nach den Inhaltsstoffen der Rohware. Es muss dabei ein Kompromiss zwischen der Dauer der Trocknung und der Schonung des Trocknungsgutes eingegangen werden:

- Die Dauer der Trocknung sollte so kurz wie möglich sein. Höhere Temperaturen ermöglichen eine schnellere Wasseraufnahme durch die Luft und damit eine raschere Trocknung.

Natürliches Trocknen von Heu am „Heumandl". Natürliche Trocknung ist bis auf wenige Ausnahmen nur zur Futtermittelproduktion möglich. In der modernen Landwirtschaft wird aber selbst zur Heuproduktion immer mehr auf das Entfeuchten von Gras mit Zusatzeinrichtungen und -energie umgestiegen (das bedeutet in diesen Fällen streng genommen, dass das Heu „gedörrt" wird).

- Auf der anderen Seite sollte aber im Hinblick auf die Erhaltung der Inhaltsstoffe der Lebensmittel so kühl wie möglich gedörrt werden. Eine besonders schonende Trocknung wird erzielt, wenn Temperaturen von 32–34 °C nicht überschritten werden.
- Eine geringere Temperatur beim Dörren spart auch Kosten für die zugeführte Energie.

TEIL I
TROCKNEN UND DÖRREN: THEORIE

Ringelblume mit
Schimmelpilzen

„VERDERB" VON LEBENSMITTELN VERHINDERN

Unter Verderb versteht man die unerwünschte Umwandlung eines Lebensmittels. Es sind damit Veränderungen von Farbe, Geruch, Konsistenz, Geschmack und Inhaltsstoffen verbunden. Der Verderb kann auch als Verfall eines Lebensmittels bezeichnet werden. Verdorbene Lebensmittel können in manchen Fällen Verursacher von Lebensmittelvergiftungen und damit gesundheitsschädlich sein. Ein verdorbenes Lebensmittel muss aber nicht zwangsläufig gesundheitsschädlich sein. Ob ein Lebensmittel als verdorben einzustufen ist oder als „besondere Delikatesse" gilt, ist häufig vom Kulturkreis und den Ernährungsgewohnheiten abhängig. Man denke dabei an verschiedene Käsesorten und andere Milchprodukte.

VERSCHIEDENE URSACHEN VON VERDERBSPROZESSEN

Biologischer Verderb durch Mikroorganismen

Mikroorganismen bauen Lebensmittel ab oder um. Dabei werden verschiedene Stoffwechselprodukte gebildet. Besonders Schimmelpilze führen durch die Bildung von Toxinen dazu, dass Lebensmittel ungenießbar und sogar gesundheitsschädlich werden. Die Bildung von Stoffwechselprodukten ist jedoch nicht immer unerwünscht. Beispiele dafür sind Alkohol (Wein, Bier ...), Säuren (Essig, Sauerkraut ...), Hefen (Brot und Gebäck ...).

Chemischer Verderb durch Enzyme und chemische Reaktionen

Enzyme sind Eiweißstoffe (Proteine), die in lebenden Zellen gebildet werden. Sie sind als sogenannte Biokatalysatoren Auslöser oder Beschleuniger von chemischen Reaktionen im Stoffwechsel einer Zelle. Enzymatische Bräunungen sind Verfärbungen von Lebensmitteln, die durch Enzyme ausgelöst werden. Hydrolytische Spaltungen von Kohlenhydraten, Fetten und Proteinen sowie oxidative Veränderungen von Fetten und Vitaminen sind weitere Formen des chemischen Verderbs von Lebensmitteln.

Physikalischer Verderb durch Temperatur, Licht und mechanische Einflüsse

Auch durch Hitze und Kälte, Lichteinwirkung und mechanische Beanspruchungen werden Lebensmittel ungünstig beeinflusst. Daher zählen auch diese Einwirkungen zu den Verderbsprozessen. Physikalisch verdorbene

Lebensmittel sind ungenießbar, aber nicht gesundheitsschädlich. Ein Beispiel für physikalisch verdorbene Produkte wäre etwa der „Gefrierbrand“ oder durch Sonneneistrahlung ausgebleichte Kräuter mit wenig Aroma.

VERSCHIEDENE VERFAHREN ZUR KONSERVIERUNG PFLANZLICHER LEBENSMITTEL

Schon seit vielen Jahrtausenden ist das Haltbarmachen von Lebensmitteln für die Menschheit überlebenswichtig. Im Laufe der Entwicklung der Zivilisation wurden viele Verfahren entdeckt oder erfunden und immer weiterentwickelt. Zu den ältesten Konservierungsverfahren gehören das Trocknen und das Einsalzen. Andere Verfahren wie das Haltbarmachen durch Hitze, das Pasteurisieren oder Einkochen sind erst Entwicklungen der Neuzeit und erfordern im Gegensatz zu den älteren Verfahren aufwendigere technische Einrichtungen. Auch wenn es im Buch um Trocknen und Dörren geht, also um Haltbarmachen durch Wasserreduktion, sollen doch auch die anderen Konservierungsmethoden kurz beschrieben werden.

Überblick Konservierungsverfahren in der Lebensmittelverarbeitung

Die Konservierungsverfahren werden unterteilt in

- **Physikalische Konservierung**
  - Wasserreduktion
  - Kühlen
  - Gefrieren
  - Pasteurisieren
  - Sterilisieren
  - Backen
- **Biologische Konservierung**
  - Alkoholische Gärung
  - Milchsäuregärung
  - Essigsäuregärung
- **Chemische Konservierung**
  - Salzen
  - Pökeln
  - Säuern
  - Einlegen in Alkohol
  - Räuchern

Physikalische Konservierung durch Reduzieren des Wassergehalts

Die Aktivität von Enzymen und Mikroorganismen ist vom Wassergehalt eines Lebensmittels abhängig. Daher ist eine Möglichkeit der Konservierung, den Wassergehalt im Lebensmittel zu reduzieren. Dies erfolgt durch Trocknen, Dörren oder Kandieren.

Durch die Reduktion des Wassergehaltes in einem Lebensmittel wird den Mikroorganismen, die für den Verderbsprozess verantwortlich sind, die Lebensgrundlage entzogen. Schimmelpilze haben von allen Mikroorganismen die geringsten Ansprüche an den Wassergehalt ihrer Lebensumgebung und sind bis etwa 15 % Wassergehalt aktiv. Das bedeutet, unter 15 % Wassergehalt sind die Lebensbedingungen für alle Mikroorganismen nicht mehr günstig.

Physikalische Konservierung durch Temperatureinwirkung

Konservierung durch Kälte

Beim Kühlen wird die Aktivität der meisten Mikroorganismen verlangsamt, beim Tiefkühlen unter 0 °C kommen biochemische und mikrobiologische Aktivität fast ganz zum Stillstand. Das Wachstum der Mikroorganismen wird stark gehemmt, manche sterben sogar ganz ab. Beim Tiefgefrieren kommt es zu geringen Geschmacksveränderungen, und Vitamine bleiben weitgehend erhalten. Pflanzliche Lebensmittel sollen möglichst schnell eingefroren werden, damit sich kleine Eiskristalle bilden und die

Nicht immer ist Dörren die beste Konservierungsmethode: Mangoldstiele sind einfach zu dörren, schmecken aber mit Milchsäurebakterien fermentiert oder in Essig eingelegt viel besser.

Zellwände nicht zerstört werden. Auch das Auftauen von pflanzlichen Produkten soll möglichst schnell passieren, damit sich während der Zeit des Auftauens keine Mikroorganismen vermehren können.

Konservierung durch Hitze

Eine andere Möglichkeit der physikalischen Konservierung ist die Einwirkung von Hitze: Durch Pasteurisieren (Erhitzen bis maximal 100 °C) oder Sterilisieren (Erhitzen über 100 °C) werden Mikroorganismen inaktiviert und der Genusswert bzw. die Verzehrtauglichkeit eines Lebensmittels für längere Zeit gewährleistet.

Pasteurisieren: Beim nach Louis Pasteur (1822–1895) benannten Verfahren werden hitzeempfindliche Mikroorganismen bei Temperaturen unter 100 °C inaktiviert. Der Geschmack verändert sich nur unwesentlich, und die wertgebenden Inhaltsstoffe werden im Gegensatz zum Sterilisieren nur gering zerstört.

Sterilisieren: Beim Sterilisieren über 100 °C sollen alle Mikroorganismen und ihre Sporen abgetötet werden. Der Erfolg der Abtötung hängt von der Höhe der Temperatur und der Dauer der Hitzeeinwirkung ab. Durch die Hitzeeinwirkung werden Eiweiß und Kohlenhydrate stark verändert. Dadurch kommt es zu einer Veränderung von Farbe und Geschmack und einem mehr oder weniger hohen Verlust an wertbestimmenden Inhaltsstoffen. Der Vitamingehalt wird durch das Sterilisieren um bis zu 60 % verringert.

Beim Einkochen werden Mikroorganismen durch Hitze abgetötet. Beim Abkühlen entsteht ein Vakuum im Glas, und das Glas ist fest verschlossen. Lebensmittel können so sehr lange haltbar gemacht werden. Durch die lange Einwirkung von Hitze werden jedoch auch viele wertvolle Inhaltsstoffe zerstört.

Biologische Konservierung

Genauso wie das Konservieren durch Trocknen und Dörren zählen verschiedene biologische Konservierungsverfahren zum uralten Wissen der Menschheit. Bei der biologischen Konservierung werden Lebensmittel durch mikrobiologische Gärprozesse konserviert. Dabei werden bei den einzelnen Verfahren erwünschte Mikroorganismen gefördert und die Lebensbedingungen für unerwünschte Mikroorganismen möglichst ungünstig gestaltet.

Milchsäuregärung, alkoholische Gärung und Essigsäuregärung haben schon immer dazu gedient, den Genusswert von Lebensmitteln, im Besonderen von Getränken, zu erhalten oder sogar zu erhöhen und die wertvollen Produkte über längere Zeit haltbar zu machen. Da im Mittelalter sauberes Trinkwasser selten war, dienten alkoholische Getränke wie Bier, Wein und Most als Flüssigkeitsquelle. Aber auch Sauermilch, Buttermilch, Topfenkäse und viele andere durch Bakterien veränderte und dadurch konservierte Lebensmittel waren immer schon Grundlage der menschlichen Ernährung. Zu den mikrobiologischen Gärverfahren (**auch Fermentation genannt)**, zählen:

Die alkoholische Gärung

Bei der alkoholischen Gärung wird Zucker durch Hefen abgebaut, und es bildet sich Alkohol. Der Gärprozess endet bei einem Alkoholgehalt von 12,5 Vol.-%. Der entstandene Alkohol verhindert das Wachstum von Mikroorganismen.

Die Essigsäuregärung

Bei der Essigsäuregärung wird Alkohol oder Zucker unter Anwesenheit von Sauerstoff (Aerob) zu Essigsäure umgebaut. Dadurch sinkt der ph-Wert, und das Wachstum von Mikroorganismen wird gehemmt.

Die Milchsäuregärung

Bei der Milchsäuregärung von pflanzlichen Produkten vergären bestimmte Gruppen von Milchsäurebakterien unter Luftabschluss (anaerob) die Kohlenhydrate in der Pflanze (= Zucker) zu Milchsäure und anderen Abbauprodukten. Dadurch sinkt der ph-Wert, und andere Mikroorganismen werden vernichtet bzw. an der Vermehrung gehemmt.

Den Übergang von der biologischen zur chemischen Konservierung stellt das Einlegen in Alkohol dar. Alkohol tötet ab einer Konzentration von etwa 15 Vol.-% Mikroorganismen ab.

Chemische Konservierung

Bei der chemischen Konservierung wird die chemische Wirkung von Konservierungsstoffen auf Mikroorganismen zum Haltbarmachen genutzt. Das älteste chemische Konservierungsmittel ist Salz. Ab einer Konzentration von 15 Gew.-% wirkt Salz auf Mikroorganismen und Enzyme toxisch (giftig). Darüber hinaus verändert Salz auch den Wassergehalt von Lebensmitteln und verhindert durch eine Veränderung des a_w-Wertes (activity of water; Erklärung siehe S. 32) eine Vermehrung von Mikroorganismen. Das wird als physiologische Austrocknung bezeichnet. Weiters werden Lebensmittel in Essig oder Alkohol eingelegt, um sie haltbar zu machen.

Konservierungsstoffe

Heute wird darüber hinaus eine Reihe weiterer Konservierungsmittel eingesetzt. Bei industriell gedörrten Produkten und der Produktion von „Soft-Produkten“ müssen chemische Konservierungsmittel eingesetzt werden, damit die Dörrprodukte auch mit einer Restfeuchte von 30–50 % langfristig

Nicht immer sind Bakterien unerwünscht: Bei der Fermentation leisten Milchsäurebakterien einen wichtigen Beitrag zur biologischen Konservierung von Gemüse.

haltbar sind. Diese Produkte sind weicher und meist farbintensiver als Produkte mit geringer Restfeuchte. In Dörrprodukten werden häufig folgende Konservierungsstoffe eingesetzt:

Kaliumsorbat (E 202): Gegen Schimmelpilze und Hefen; für Bio-Lebensmittel nicht zugelassen.

Schwefeldioxid (E 220): Blockiert das Wachstum von Pilzen und Bakterien und bremst den Abbau von Farben und Aromen.

Bei der industriellen Produktion von Dörrobst werden häufig Konservierungsstoffe eingesetzt. Das Obst ist dadurch schon bei einer Restfeuchte von über 30 % haltbar. Es ist weich und hat meist eine verführerisch intensive Farbe.

PHYSIKALISCHE GRUNDLAGEN DER KONSERVIERUNG DURCH WASSERENTZUG (TROCKNUNG)

Nach diesem kurzen Überblick über den Verderb von Lebensmitteln und wie man diesen Verderb durch verschiedene Arten der Konservierung verhindern kann, kommen wir nun zur Haltbarmachung durch Trocknung (also durch Trocknen oder Dörren). Als *Trocknung* (= Exsikkation) wird der Entzug von Wasser aus einem Lebensmittel bezeichnet. Mit dem Entzug von Wasser ist meist auch eine Phasenumwandlung des Wassers in den gasförmigen Zustand verbunden.

HINWEIS! Lebensmittel vor Verderb schützen

Ziel der Konservierung durch Trocknung ist es, für Mikroorganismen ungünstige Bedingungen zu schaffen sowie die Tätigkeit von Enzymen einzuschränken und so den Verderbsprozess zu verhindern oder zu verlangsamen.

a_w-Wert (Wasseraktivität)

Der a_w-Wert (**a**ctivity of **w**ater) ist das Maß an ungebundenem und leicht gebundenem Wasser in Lebensmitteln, das für mikrobielle und biochemische Reaktionen zur Verfügung steht.

Die Wasseraktivität entspricht der Definition der Gleichgewichtsfeuchte, wird aber nicht in Prozent, sondern in 0 bis 1 a_w angegeben. Der a_w-Wert ist der Wert der relativen Luftfeuchte, die mit einem bestimmten Wassergehalt des Produktes im Gleichgewicht steht. Der a_w-Wert berechnet sich aus dem Quotienten des Wasserdampfdruckes über dem Lebensmittel (p) und dem Wasserdampfdruck über reinem Wasser (p0). Je größer der a_w-Wert ist, umso mehr Wasser enthält das Lebensmittel und umso besser sind die Lebensbedingungen für Mikroorganismen. Sie benötigen das frei verfügbare Wasser für Stoffwechsel und Wachstum. Vom a_w-Wert ist auch die Bräunung, die Oxidation und die Aktivität der Enzyme abhängig. Er ist also eine wichtige Größe für die Haltbarkeit eines Lebensmittels. Je trockener das Lebensmittel ist, umso besser ist die Haltbarkeit.

Reines Wasser hat einen a_w-Wert von 1,00. Durch Zusatz von wasserbindenden Substanzen wie Salz oder Zucker oder eine Veränderung des Gehaltes an freiem Wasser durch Tiefgefrieren oder Dehydrieren wird der a_w-Wert auf unter 1 gesenkt.

Mikroorganismen und ihre Wasseransprüche

Bakterien: Bakterien haben die höchsten Ansprüche an den Wassergehalt des Lebensmittels. Sie benötigen zur Vermehrung einen a_w-Wert zwischen 0,91 und 0,96. Alle krankheitserregenden Mikroorganismen sind gegen einen geringen Wassergehalt empfindlich. Das Bakterium *Clostridium botulinum* benötigt zur Vermehrung einen a_w-Wert über 0,95. Unter a_w 0,95 ist keine Vermehrung zu erwarten. Das Bakterium *Staphylococcus aureus*, kann auch a_w-Werte zwischen 0,86 und 0,90 überstehen. *Staphylococcus aureus* kann Hauterkrankungen, Muskelerkrankungen und Entzündungen der Lunge auslösen.

Hefen: Weit geringere Ansprüche an den Wassergehalt eines Lebensmittels als Bakterien haben Hefen. Ihr Wachstum wird erst ab einem a_w-Wert unter 0,88 eingeschränkt. Hefen produzieren durch Vergärung Alkohol. Der Verderb durch Hefen ist meist nicht gesundheitsschädlich, der Geschmack von getrockneten bzw. gedörrten Lebensmitteln wird aber negativ beeinflusst.

Schimmelpilze: Schimmelpilze haben den geringsten Wasserbedarf. Sie können schon ab einem a_w-Wert von 0,80 wachsen.

WICHTIG! Das sollten Sie beachten

Bakterien haben die höchsten Ansprüche an den Wassergehalt eines Lebensmittels, Schimmelpilze können sich auch auf fast trockenen Lebensmitteln vermehren:

- kaum Bakterienwachstum unter einem a_w-Wert von 0,9
- kaum Schimmelwachstum und mikrobiologische Aktivität unter einem a_w-Wert von 0,8
- keine Aktivität der Enzyme unter einem a_w-Wert von 0,7

HINWEIS! a_w-Werte einiger Lebensmittel

Fleisch, Eier und frischer Fisch haben einen a_w-Wert > 0,95

Hartkäse, Mehl, Reis Nudeln haben einen a_w-Wert < 0,9

pflanzliche Dörrprodukte haben einen a_w-Wert unter 0,8 (so haben z. B. Apfelchips – wenn sie richtig kross und knackig sind – einen a_w-Wert von 0,34 und einen Restfeuchtegehalt von 7 % und sind damit weit unter dem kritischen a_w-Wert von 0,7).

Taupunkt

Dieser Begriff bezeichnet diejenige Temperatur, bei der in einem Gas-Dampf-Gemisch (Luft und Wasserdampf) das Gas mit der vorhandenen Menge des Dampfes gerade gesättigt ist. Unterhalb des Taupunktes tritt Kondensation des Dampfes infolge Übersättigung ein: Wasserdampf schlägt sich als Tau nieder. Der Taupunkt spielt bei der Technik der Kondensationsentfeuchtung eine wichtige Rolle (siehe S. 51).

HINWEIS! Tau = Kondenswasser

Zum besseren Verständnis ein wenig Physik aus dem täglichen Leben: Trifft die feuchte, warme Luft im Badezimmer auf den kalten Spiegel, kondensiert das Wasser, und der Spiegel beschlägt. Wir müssen die Wassertropfen abwischen.

Gleichgewichtsfeuchte (GW)

Das ist der Ausdruck für das bestehende Gleichgewicht zwischen dem Wasserdampfdruck auf der Oberfläche von Lebensmitteln (oder anderen hygroskopischen Feststoffen) und dem Wasserdampfdruck der umgebenden Luft. Bei Gleichgewichtsfeuchte findet kein Wasseraustausch zwischen dem Lebensmittel und der Luft statt. Das heißt, unter dieser Bedingung kann ein Lebensmittel nicht dehydriert werden, es nimmt aber auch kein Wasser aus der Umgebungsluft auf.

Um dem Lebensmittel Wasser zu entziehen, muss dieser Gleichgewichtszustand gestört werden. Meistens wird dabei mit einer Erhöhung der (Luft-)Temperatur durch eine Wärmequelle gearbeitet. Erwärmt man die Luft, wird sie dadurch „relativ" trockener und kann insgesamt absolut mehr Feuchtigkeit aufnehmen. Das Gleichgewicht ist gestört und Wasser diffundiert aus dem Inneren des Dörrgutes nach außen und weiter in die Umgebungsluft.

Eine weitere Möglichkeit ist, die Luft bei gleicher Temperatur zu entfeuchten. Auf dieser Methode beruht das Verfahren der Kondensationsentfeuchtung. Dabei wird feuchte, warme Luft auf eine kalte Oberfläche (Wärmetauscher) geleitet, dadurch schlagartig abgekühlt und so das Wasser zur Kondensation gebracht. Die Luft wird dadurch entfeuchtet.

WICHTIG! Trocknung unmöglich

Bei zu hoher Luftfeuchtigkeit tritt der Zustand der „Gleichgewichtsfeuchte“ zwischen Luft und Lebensmittel ein, es kann daher nicht dehydriert werden.

Absolute Luftfeuchtigkeit

Die absolute Luftfeuchtigkeit gibt den tatsächlichen Wasserdampfgehalt der Luft an. Angegeben wird die absolute Luftfeuchtigkeit in g Wasser/m^3 Luft. Luft kann jene Wassermenge aufnehmen, die der Differenz zwischen absoluter und maximaler Luftfeuchte entspricht. Das heißt, das beste Ergebnis der Trocknung ist dann zu erreichen, wenn mit trockener, warmer Luft gedörrt wird.

Relative Feuchtigkeit (= relative Feuchte)

Darunter versteht man das Verhältnis zwischen tatsächlichem und maximalem Wasserdampfgehalt der Luft bei einer bestimmten Temperatur. Die relative Luftfeuchte ist ein Messwert und wird mit einem Hygrometer gemessen. Luft tendiert dazu, einen Sättigungszustand bei einem Feuchtigkeitsgehalt von 100 % zu erreichen. Sie nimmt dazu Feuchtigkeit auf, bis der Sättigungszustand erreicht ist. Es kann aber bei einer bestimmten Temperatur nur eine bestimmte Menge an Wasserdampf aufgenommen werden. Je trockener die Luft ist, das heißt, je größer die Differenz der relativen Luftfeuchte zur Sättigung ist, desto mehr Feuchte (Wasser) kann aufgenommen werden. Dieses Prinzip ist die Grundlage der Trocknung.

TIPP! Gute Voraussetzung zur Trocknung

Wird Luft mit einer bestimmten (relativen) Feuchte und einer bestimmten Temperatur erwärmt, sinkt die relative Feuchte, und die Luft kann wieder Wasser aufnehmen.

Maximale Luftfeuchte

Die maximale Luftfeuchte, angegeben in g Wasser/m^3 Luft, gibt den maximal möglichen Wasserdampfgehalt bei einer bestimmten Temperatur an (= maximale Sättigung). Werte der maximalen Sättigung:

- bei 10 °C: 9,4 g Wasser/m^3 Luft
- bei 30 °C: 30,3 g Wasser/m^3 Luft
- bei 20 °C: 17,3 g Wasser/m^3 Luft
- bei 40 °C: 51,1 g Wasser/m^3 Luft

HINWEIS! Relative bzw. max. Luftfeuchte

Die relative Luftfeuchtigkeit gibt an, wie viel Prozent des maximalen Wasserdampfgehaltes die Luft im Augenblick enthält.

Die maximale Luftfeuchte ist die Bezeichnung für die größte Wassermenge, die Luft bei einer bestimmten Temperatur enthalten kann.

Verdunstung

Die Feuchtigkeit wird durch Verdunstung aus der Rohware entfernt. Aus dem Inneren der Rohware diffundiert ständig Wasser zur weniger feuchten Außenseite nach. Dort erfolgt der Übergang vom flüssigen in den gasförmigen Zustand.

WAS PASSIERT IN DER PFLANZE, WENN SIE DEHYDRIERT?

Der Trocknungsverlauf aus pflanzenphysiologischer Sicht

Phasen des Trocknungsverlaufes

- **Phase 1:** In der ersten Phase wird schnell eine große Wassermenge über Stomata (Spaltöffnungen), Schnitt- und Knickstellen abgegeben.
- **Phase 2:** In der zweiten Phase schließen sich die Spaltöffnungen, die Wasserabgabe wird deutlich verlangsamt (60–70 % Gutfeuchte).
- **Phase 3:** In der letzten Trocknungsphase wird das Wasser infolge der erhöhten Zellsaftkonzentration nur noch sehr langsam abgegeben. Die Wasserabgabe erfolgt am schnellsten aus den Blättern, die letzten verbliebenen Wassermengen werden in den Nodien der Pflanze gehalten.

Steuerung der Trocknungstemperatur während des Trocknungsprozesses

Zu Beginn der Trocknung verhindert der hohe Wassergehalt ein Überhitzen des Trocknungsgutes. Mit fortlaufendem Trocknungsprozess kann es aber infolge des geringer werdenden Wasseranteils zu einem Anstieg der Temperatur im Trocknungsgut kommen. Das würde sich negativ auf die wertgebenden Inhaltsstoffe, besonders die ätherischen Öle, auswirken. Daher ist im Verlauf der Trocknung die Temperatur der Trocknungsluft entsprechend zu senken. Damit ein kontinuierlicher Abtransport des Wassers aus dem Trocknungsgut gewährleistet ist, sollte das Trocknungsgut möglichst gut von trockener Luft „umspült“ werden können.

Verlauf der Trocknung (Oberflächentemperatur)

Der Verlauf der Trocknung ist dann optimal, wenn die Temperatur des Trocknungsgutes über den gesamten Verlauf der Trocknung konstant bleibt. An allen Stellen des Trocknungsgutes soll die gleiche Trocknungsgeschwindigkeit herrschen. Das heißt, das Wasser wird mit annähernd konstanter Geschwindigkeit aus den inneren Zellen des Trocknungsgutes an die Oberfläche strömen, dort verdunsten und von der Trocknungsluft aus dem Dörrgerät abtransportiert.

Die Temperatur der Trocknungsluft und die Temperatur des Trocknungsgutes sollten während des Trocknungsvorganges durchgängig kontrolliert werden. Das kann mit einem einfachen Thermometer durchgeführt werden. Ein Infrarotthermometer führt zu sehr genauen Ergebnissen, und die Messung kann sehr schnell durchgeführt werden.

Vorbereitung des Trocknungsgutes

Bei der Zerkleinerung des Trocknungsgutes soll eine möglichst große Oberfläche zur optimalen Abgabe der Feuchtigkeit erreicht werden. Dabei ist die spätere Verwendung des Trockengutes zu berücksichtigen.

AUSWIRKUNG DER TROCKNUNG AUF PFLANZENINHALTSSTOFFE

Primäre Pflanzeninhaltsstoffe

Kohlenhydrate

Kohlenhydrate bestehen aus Zuckermolekülen und sind der Hauptenergielieferant für den menschlichen Körper. Sie zählen wie Eiweiß und Fett zu den Makronährstoffen und bilden den größten Teil der menschlichen Ernährung.

Je nach Anzahl der Zuckerbausteine werden Kohlenhydrate in 3 Gruppen unterteilt:

- Einfachzucker (Monosaccharide): Traubenzucker und Fruchtzucker
- Zweifachzucker (Disaccharide)
- Mehrfachzucker (Polysaccharide): Das wichtigste Polysaccharid ist Stärke.

WICHTIG! Kohlenhydratkonzentration

Kohlenhydrate werden durch die beim Dörren üblichen Temperaturen nicht ungünstig verändert. Veränderungen beginnen erst bei einer Temperatur von über 100 °C. Durch den Wasserentzug sind Kohlenhydrate im Dörrprodukt stark konzentriert.

Gehalt an Kohlenhydraten in pflanzlichen Lebensmitteln in g/100 g

Nahrungsmittel	Gesamtzucker	Fructose	Glucose	Saccharose
Früchte				
Banane	12,2	4,9	5,0	2,4
Apfel	10,4	5,9	2,4	2,1
Zwetschke	9,9	3,1	5,1	1,6
Birne	9,8	6,2	2,8	0,8
Marille	9,2	0,9	2,4	5,9
Pfirsich	8,4	1,5	2,0	4,8
Gemüse				
Rote Rübe	6,8	0,1	0,1	6,5
Karotte	4,7	0,6	0,6	3,6
Paprika	4,2	2,3	1,9	0,0
Süßkartoffel	4,2	0,7	1,0	2,5

Fette (Lipide)

Erst über 100 °C verändern sich ungesättigte Fettsäuren wesentlich. Unter 70 °C Dörrtemperatur werden Fette nicht negativ verändert, was vor allem beim Dörren von Nüssen oder Ölsaaten von Bedeutung ist.

Eiweiß

Viele Proteine verlieren bereits ab 40 °C Trocknungstemperatur ihre Funktion, ab 45 °C werden sie dauerhaft geschädigt.

Mineralstoffe

Zu den Mineralstoffen, die in Pflanzen vorkommen, zählen Kalium, Kalzium, Eisen,

Dörrobst ein idealer Mineralstofflieferant bei sportlicher Aktivität.

Magnesium, Phosphor, Kupfer, Mangan. Mineralstoffe liegen in Dörrprodukten in konzentrierter Form vor. Das heißt, durch den Wasserentzug beim Dörren sind in 100 g Dörrprodukten ähnlich hohe Anteile an Mineralstoffen wie in 1000 g frischen Produkten.

Dörrprodukte, besonders Dörrobst, leisten daher sehr gute Dienste bei der Versorgung mit Mineralstoffen natürlicher Herkunft.

TIPP! Hohe Mineralstoffkonzentration

Mineralstoffe werden durch die Temperatur beim Dörren und den Wasserentzug nicht negativ beeinflusst, aber höher konzentriert.

Enzyme

Enzyme sind Eiweißmoleküle, die für den menschlichen Stoffwechsel unverzichtbar sind. Sie steuern chemische Reaktionen im Körper und sind für die Verdauung sehr wichtig. Es gibt Enzyme, die im Körper gebildet werden und solche, die durch die Nahrung aufgenommen werden müssen. Durch die Aufnahme enzymreicher Lebensmittel wird die Verdauung angekurbelt. Die Enzymaktivität hat auch einen wesentlichen Einfluss auf die Aufnahme von Kohlenhydraten, Fetten, Vitaminen, Eiweiß, Mineralstoffen und anderen lebenswichtigen Nährstoffen. Enzyme machen die aufgenommene Nahrung für den Organismus nutzbar. Wie bei allen Eiweißstoffen verändert Hitze die Struktur der Enzyme; sie werden bei einer Temperatur von mehr als 42 °C geschädigt. Das sollte bei der Wahl der Trocknungstemperatur des jeweiligen Trocknungsgutes beachtet werden!

Enzymreiche pflanzliche Lebensmittel sind:

- Äpfel und Birnen
- Weintrauben
- Mangos
- Melonen
- Kopfsalat
- Sojasprossen
- Kiwi
- Paradeiser (Tomaten)
- fermentierte Lebensmittel

TIPP! Trocknungstemperatur beachten!

Enzyme werden ab 42 °C geschädigt. Daher ist bei enzymreichen Ernteprodukten die Verarbeitungstemperatur entsprechend anzupassen.

Ballaststoffe

Diese sind in Trockenprodukten genauso wie in Frischprodukten enthalten. Ballaststoffe werden durch den Wasserentzug nicht negativ beeinflusst, sondern höher konzentriert.

Fettlösliche Vitamine (A, D, E, K)

Bei Vitaminen muss durch die Verarbeitung und die Trocknung eine Reduktion des Vitamingehalts hingenommen werden. Oberstes Ziel sollte sein, diese Reduktion durch einen optimalen Verarbeitungs- und Trocknungsprozess so klein wie möglich zu halten. Es muss aber deutlich gesagt werden, dass frische Produkte im Hinblick auf eine Versorgung mit Vitaminen dem Dörrprodukt in jedem Fall vorzuziehen sind.

Vitamin A (Retinol)

- Vorkommen: Lebertran, Innereien, Milchprodukte, Butter, Eigelb, als Provitamin A, Karotten.
- Eigenschaften: fettlöslich, licht- und sauerstoffempfindlich.

Vitamin D (Calciferol)

- Vorkommen: Pilze, Avocados, Lebertran, Leber, Milch, Eigelb, Butter, Meeresfische.
- Eigenschaften: fettlöslich, lichtempfindlich, hitzebeständig.

Vitamin E (Tocopherole)

- Vorkommen: Sonnenblumen-, Mais-, Soja- und Weizenkeimöl, Nüsse, Leinsamen, Schwarzwurzeln, Paprikagewächse, Kohlgewächse.
- Eigenschaften: fettlöslich und frostempfindlich; zerstört wird es durch den Einfluss von Sauerstoff und Licht.

Vitamin K (Phyllochinone)

- Vorkommen: Eier, Leber, Grünkohl, grünes Gemüse, Zwiebeln, Hafer, Kiwis, Paradeiser (Tomaten), Kresse.
- Eigenschaften: fettlöslich; Vitamin K ist sehr lichtempfindlich.

Wasserlösliche Vitamine

Vitamin B1 (Thiamin)

- Vorkommen: Weizenkeime, Vollkorngetreide, Vollkornreis, Erbsen, Innereien, Schweinefleisch, Hefe, Hafer.
- Eigenschaften: wasserlöslich; Thiamin wird durch Hitze und lange Lagerung zerstört, nicht jedoch beim Gefrieren.

Vitamin B2 (Riboflavin)

- Vorkommen: Milchprodukte, Fleisch, Vollkorngetreide, Käse, Eier, Leber, Seefische, grünes Blattgemüse.
- Eigenschaften: wasserlöslich, Vitamin B2-haltige Nahrungsmittel kühl und dunkel lagern.

Vitamin B3 (Niacin, Nikotinsäure)

- Vorkommen: Bierhefe, Erdnüsse, Erbsen, Leber, Geflügel, Fisch, mageres Fleisch.
- Eigenschaften: wasserlöslich, Wirkung wird durch Zucker und Alkohol beeinträchtigt.

Vitamin B5 (Pantothensäure)

- Vorkommen: Leber, Gemüse, Weizenkeime, Spargel, Krabben, Fische, Fleisch, Sonnenblumenkerne.
- Eigenschaften: wasserlöslich, hitzeempfindlich.

Vitamin B6 (Pyridoxin)

- Vorkommen: Karfiol (Blumenkohl), Karotten und andere Wurzeln, grüne Bohnen Fisolen, Bananen, Kartoffeln, Nüsse, Vollkornprodukte, Hefe, Leber.
- Eigenschaften: wasserlöslich, empfindlich gegen Hitze und Licht.

Vitamin B7 (Biotin, Vitamin H)

- Vorkommen: Leber, Kohlgewächse – insbesondere Karfiol (Blumenkohl), Champignons, Vollkornprodukte, Eier, Avocados, Spinat, Milch.
- Eigenschaften: wasserlöslich.

Vitamin B9 (Folsäure, Vitamin M)

- Vorkommen: Leber, Weizenkeime, Kürbisse, Champignons, Spinat, Avocados.
- Eigenschaften: wasserlöslich, Vitamin B9 verträgt weder Hitze, Licht noch Sauerstoff.

TIPP! Achtung – Vitaminverlust

Besonders Vitamine der B-Gruppe und Vitamin C sind bei der Trocknung stark gefährdet.

Vitamin C (Ascorbinsäure)

- Vorkommen: Hagebutten, Sanddorn, Zitrusfrüchte, Johannisbeeren, Kartoffeln, Paprika, Paradeiser (Tomaten), Kohlgewächse, Spinat, Rettich.
- Eigenschaften: wasserlöslich, sauerstoff- und trockenheitsempfindlich. Vitamin C wird auch bei guten Lagerbedingungen mit der Zeit abgebaut, daher sollte die Lagerzeit so kurz wie möglich sein.

Maßnahmen zur Schonung und Erhaltung der Vitamine beim Dörren

Waschen

Alle Vitamine der B- und C-Gruppe sind wasserlöslich. Daher Rohprodukte vor der Trocknung nur dann waschen, wenn es unbedingt notwendig ist. Oft genügt kräftiges Abreiben mit einem sauberen Tuch. Möglichst kein bereits zerkleinertes oder geschältes Ernteprodukt waschen! Kurzes Überspülen ist weit besser für den Erhalt der Vitamine als langes Einweichen! Bei Ernteprodukten, die intensiven Erdkontakt haben, wie zum Beispiel Wurzelgemüse oder Fallobst, muss aber wegen der Gefahr einer hohen mikrobiologischen Verunreinigung sehr gründlich gereinigt werden. Produkthygiene und sichere Lebensmittel sind an dieser Stelle wichtiger als die Schonung der Vitamine.

Zerkleinern

Erst nach dem Waschen zerkleinern und nur so klein wie für den Dörrvorgang und die spätere Verwendung des Dörrproduktes unbedingt notwendig. Es muss ein Kompromiss zwischen optimaler (das heißt zügiger und vollständiger) Trocknung und größter Schonung der Vitamine gefunden werden.

Frische Zitronen zählen wie alle Südfrüchte zu den Nahrungsmitteln mit hohem Vitamin-C-Gehalt. Aber auch einheimisches Gemüse kann mit hohen Vitamingehalten punkten!

Wärmeeinwirkung

Thiamin (Vitamin B1), Pantothensäure (Vitamin B5), Folsäure (Vitamin B9), Ascorbinsäure (Vitamin C) und Retinol (Vitamin A) sind wärmeempfindlich. Sie verlieren die biologische Funktion, wenn sie hohen Temperaturen ausgesetzt werden. Die Deaktivierung beginnt bei einigen Vitaminen bereits bei 45–60 °C. Die Temperatur beim Dörren muss dem Produkt und dem Verwendungszweck angepasst werden. Grundsätzlich nur so heiß dörren, wie für die Erzeugung eines sicheren Lebensmittels notwendig ist.

WICHTIG! Niedrige Dörrtemperatur

> **Dörren von Pflanzen bei einer Temperatur von unter 42 °C hat keine negative Auswirkung auf den Vitamingehalt beim Dörrprodukt.**

Lichteinwirkung

Viele Vitamine sind lichtempfindlich. Daher darf niemals mit direkter Sonneneinstrahlung getrocknet bzw. gedörrt werden. Trocken- und Dörrprodukte werden daher auch immer dunkel gelagert; die negative Wirkung des Lichtes ist auch bei der Wahl der Verkaufsverpackung zu beachten.

Sekundäre Pflanzeninhaltsstoffe

Sekundäre Pflanzeninhaltsstoffe sind in der Pflanze nur in sehr kleinen Konzentrationen enthalten. Sie dienen im Gegensatz zu den primären Pflanzeninhaltsstoffen nicht dem Wachstum und der Photosynthese der Pflanze, sondern erfüllen unterschiedlichste andere Aufgaben. Dazu zählen: Abwehr von Krankheiten, Schutz vor Fraßfeinden, Anlockung von Insekten zur Bestäubung, mechanische Festigung des Pflanzengewebes, Kühlung der Pflanzen und diverse andere Aufgaben. Für Menschen und Tiere sind sekundäre Pflanzenstoffe aus einem Grund besonders interessant: Sie sind für den Duft, den Geschmack, die Farbe und die medizinische Wirksamkeit verantwortlich. Daher ist es von großer Bedeutung, dass auch in dehydrierten Pflanzen, besonders in Arznei- und Gewürzpflanzen, ein hoher Anteil dieser wichtigen Inhaltsstoffe erhalten bleibt.

TIPP! Geschmack und Wirkung

> **Sekundäre Pflanzeninhaltsstoffe sind für das Aroma und die medizinische Wirksamkeit der Pflanzen verantwortlich.**

Ätherische Öle

Vorkommen: besonders in Doldenblütlern (z. B. Kümmel, Fenchel, Anis, Dillsamen ...) und in Lippenblütlern (z. B. Oregano, Melisse, Minze, Thymian ...) sowie in vielen anderen Pflanzen. Ätherische Öle sind im Gegensatz zu anderen Inhaltsstoffen am intensiven Duft zu erkennen.

Wirkung: beruhigend, entzündungshemmend, antibakteriell.

Die höchste Qualität bei Heil- und Würzkräutern wird erreicht, wenn die Blätter ganz vorsichtig sofort nach der Ernte vor dem Dörren von den Stängeln gestreift und locker auf die Dörrvorrichtung aufgelegt werden. Das Dörren erfolgt bei ca. 40 °C. Die gedörrten Pflanzen werden sorgsam gelagert und erst bei Bedarf entsprechend zerkleinert.

VORSICHT! Waschen und Zerkleinern

> **Ätherische Öle sind leicht flüchtig. Sie werden beim Zerkleinern, Waschen und ab 42 °C freigesetzt.**

Schleimstoffe

Vorkommen: besonders in Malve, Eibisch, Königskerze, Lein, Spitzwegerich u. a.

Wirkung: entzündungshemmend, legen sich als zarter Schutzfilm auf Schleimhäute.

Eigenschaften: Schleimstoffe sind hitzeempfindlich und quellen besonders in warmem Wasser auf. Daher werden Pflanzenteile nur wenn nötig kurz und schonend gewaschen. Beim Dörren sind Schleimstoffe weniger empfindlich und werden bei den normalen Verarbeitungstemperaturen (bis 70 °C) nicht zerstört.

Gerb- und Bitterstoffe

Vorkommen: Enzian, Wermut, Ringelblume, Schafgarbe.

Wirkung: adstringierend (zusammenziehend), verdauungsfördernd, bakterienhemmend, entzündungshemmend.

Eigenschaften: sind sehr fest in der Pflanze gebunden und werden bei Vorbereitung und Trocknung nicht zerstört oder ausgewaschen.

WICHTIG! Auswirkungen auf Inhaltsstoffe

Beim Dörren werden Proteine und Mineralstoffe nicht zerstört oder reduziert. Provitamin A und die Vitamine der B-Gruppe bleiben weitgehend erhalten. Vitamin C wird durch Vorbereitung und Dörren stark reduziert.

GESUNDHEITLICHER WERT GEDÖRRTER LEBENSMITTEL

Dörren in Rohkost-Qualität (RAW)

Bei einer Verarbeitungstemperatur von unter 42 °C bleiben temperaturempfindliche Vitamine, Enzyme (Eiweißstoffe) und Mineralstoffe in pflanzlichen Lebensmitteln unverändert erhalten. Auf dieser Tatsache beruht ein aktueller Ernährungstrend: Die Rohkost Ernährung.

Wer in „Rohkost-Qualität“ konservieren möchte, darf auch beim Dörren 42 °C nicht überschreiten. Das geht aber zu Lasten eines raschen Erreichens des geforderten niedrigen Wassergehalts. Der langsame Dörrvorgang birgt die Gefahr einer starken Keimvermehrung. Und zwar durch die für Mikroorganismen günstige Entwicklungstemperatur von 42 °C und wegen der langen Verweildauer des Dörrgutes bei einer für unerwünschte Keime optimalen Feuchtigkeit. Daher ist Hygiene bei der Vorbereitung zum Dörren ein absolutes Muss, um die Anfangskeimzahl so gering wie möglich zu halten.

HINWEIS! Raw food bzw. Rohkost-Qualität

RAW (= engl. für roh, unbehandelt) wird für Lebensmittel in sogenannter Rohkost-Qualität verwendet. Von Rohkost bzw. Raw food spricht man bei Lebensmitteln nur dann, wenn im gesamten Verarbeitungsprozess eine Temperatur von 42 °C niemals überschritten wird!

Der Ernährungstrend, der das Verzehren von unbehandelten Lebensmitteln vorschreibt, heißt „raw foodism“ oder „rawism“.

Konzentration von Inhaltsstoffen

Gedörrte pflanzliche Lebensmittel enthalten bei schonender und fachgerechter Verarbeitung im besten Fall dieselbe Menge und Qualität an wertgebenden Inhaltsstoffen wie unverarbeitete Lebensmittel, bevor sie gedörrt wurden. Dörrobst hat etwa um ein Zehntel weniger Gewicht als frisches Obst. Das bedeutet, die Inhaltsstoffe sind in einer viel höheren Konzentration vorhanden! Daher schmeckt Dörrobst aromareicher, süßer und intensiver als frische Früchte, hat jedoch im Vergleich mit der gleichen Menge frischer Lebensmittel auch zehnmal so viel Kalorien, Vitamine usw.

Beispiel: In 100 g gedörrten Äpfeln ist dieselbe Menge an Inhaltsstoffe enthalten wie in 1000 g frischen Äpfeln. Die 100 g Dörräpfel enthalten daher genau so viel Zucker wie 1000 g frische Früchte. Daraus folgt, dass die Menge an Dörrobst, die man verzehrt, dementsprechend gering sein soll. Wenn man davon ausgeht, dass kaum jemand 1 kg Äpfel, sondern höchstens 1–2 Früchte (etwa 200–250 g) auf einmal isst, sollten pro Mahlzeit nicht mehr als 20–25 g gedörrte Äpfel verzehrt werden. Hier gilt die „Hand-Regel": Nur so viel konsumieren, wie in die eigene Handfläche passt (Kinder sollen also dementsprechend weniger Dörrfrüchte essen als Erwachsene). Und nicht vergessen, das Wasser durch Trinken zu ergänzen.

TIPP! Inhaltsstoffe: höhere Konzentration

Dörrobst ist keine Kalorienbombe, wie häufig zu lesen ist, doch es enthält genauso viele Inhaltsstoffe (so auch Zucker) wie vor dem Wasserentzug! Die Inhaltsstoffe sind durch den Wasserverlust also höher konzentriert.

Gedörrte Lebensmittel sind dann gesund, wenn beste Ausgangsware fachgerecht verarbeitet wird und keine chemischen Zusatzstoffe zur Verbesserung der Haltbarkeit verwendet werden.

WAS BENÖTIGT WIRD

NATÜRLICHE TROCKNUNG

Herstellung einer einfachen Trockenhorde

Eine einfache Trockenhorde lässt sich leicht selbst herstellen. Auf einen Holzrahmen wird ein Fliegengitter aus Kunststoff aufgespannt und mit Heftklammern befestigt. Damit erhält man eine Trockenfläche von ca. 2 m^2.

Einfache Trockenhorde: Aus einem nicht mehr benötigten Lattenrost, der mit Insektenschutzgitter bespannt wird, kann sehr einfach eine Trockenhorde hergestellt werden.

Aufstellung einer Trockenhorde

Die Trockenhorde wird mit ausreichendem Abstand zum Boden in einem trockenen Raum mit guter Belüftung und ohne direkte Sonneneinstrahlung aufgestellt. Als Untergestell können Sessel, Arbeitsböcke oder Ähnliches verwendet werden. Von großer Bedeutung ist die Sauberkeit des Trockenraumes und dass Insekten, Vögel, Nagetiere (Mäuse!) und Haustiere ferngehalten werden und keine Staubbelastung herrscht. Ein glatter, leicht zu reinigender Boden erleichtert die notwendigen Hygienemaßahmen.

Die geforderten Bedingungen sind in manchen Dachböden, Wäsche-, Trocken-, Heiz- und ähnlichen Räumen gegeben. Auf Dachböden besteht jedoch an heißen Sommertagen die Gefahr, dass die Temperatur für manches Trocknungsgut zu hoch wird.

Dann ist eine gute Belüftungsmöglichkeit für einen schnellen Luftaustausch und eine Senkung der Temperatur wichtig, z. B. durch Öffnen eines Fensters.

Das sollten Sie beachten

Zur Herstellung von Trockenhorden dürfen nur Gitter aus Kunststoff verwendet werden, die für die Lebensmittelverarbeitung zugelassen sind. Bei Metallen mit Ausnahme von Edelstahl besteht die Gefahr einer chemischen Reaktion der Fruchtsäuren, was den Geschmack der Trockenprodukte negativ beeinflusst. Geeignete Gittermatten aus Kunststoff und Edelstahl sind bei Fachfirmen erhältlich, die Mühlen und andere Betriebe

zur Lebensmittelverarbeitung ausstatten. Dort werden auch die notwendigen Konformitätserklärungen mitgeliefert.

Naturmaterialien (wie Jute, Leinen oder Baumwolle) wurden früher oft mangels geeigneter Kunststoffnetze zur Herstellung von Trockenhorden empfohlen. Sie sollten aber heute wegen schlechter Reinigungsmöglichkeiten und damit verbundener Hygieneprobleme nicht mehr verwendet werden. Es besteht dabei die Gefahr, zum Beispiel Schimmelpilze und deren Sporen über viele Produkte zu verschleppen.

TECHNISCH UNTERSTÜTZTE TROCKNUNG = DÖRREN

Man kann es nicht oft genug erwähnen: Bei den meisten Produkten ist eine natürliche Trocknung nicht zu empfehlen, um ein wirklich gutes Endprodukt zu erhalten. Daher ist Dörren vor allem für jene, die ihre hergestellten Dörrprodukte in den Verkehr bringen wollen, unumgänglich.

Die thermische Trocknung (Dörren mit erwärmter Luft)

Die thermische Trocknung setzt sich aus 3 Teilbereichen zusammen:

1. Wärmezufuhr zum Verdampfen der Flüssigkeit an der Oberfläche des Dörrgutes
2. Flüssigkeitstransport (durch Überströmung bzw. Durchströmung mit erwärmter Luft) an die Oberfläche des Dörrgutes
3. Abtransport der Feuchtigkeit aus der Dörreinrichtung

Dörrgeräte mit horizontaler oder vertikaler Belüftung

Die gebräuchliche Form thermischer Dörrgeräte sind Konvektionsdörrer, die nach dem Funktionsprinzip in zwei verschiedene Typen unterteilt werden:

- vertikale Belüftung: Luftstrom von unten, bei manchen Modellen auch von oben, durch das Dörrgut
- horizontale Belüftung: Luftstrom von hinten über das Dörrgut

Am Markt sind viele verschiedene Modelle unterschiedlicher Hersteller zu finden. Für jedes der beiden Funktionsprinzipien wird im Anhang ab S. 159 ein vom Autor erprobter Vertreter vorgestellt (für die horizontale Belüftung: Stöckli Dörrex; für die vertikale Belüftung: Wartmann WM 2110 DH).

Durchströmungsgeräte (vertikale Belüftung)

Die Luft wird von außen angesaugt, erwärmt, **durch** das Dörrgut gepresst und – nachdem sie die Feuchtigkeit aus dem Dörrgut aufgenommen hat – wieder in die Umgebung geblasen (= sog. Zwangsbelüftung). Die Geräte sind sehr kostengünstig in der Herstellung, benötigen jedoch viel Wärmeenergie, da ständig Luft erwärmt und durch das Gerät geleitet wird. Die Luft kann aufgrund der Durchströmung des Dörrgutes sehr viel Feuchtigkeit aufnehmen, der Flüssigkeitstransport an die Oberfläche des Dörrgutes ist sehr effektiv.

Die Geräte bestehen aus einem Unterteil mit Gebläse und Wärmetauscher und darüber gestapelten Dörrhorden.

Überström-Dörrgeräte (horizontale Belüftung)

Die Luft wird von außen angesaugt, erwärmt, **über** das Dörrgut geblasen und nach Aufnahme der Feuchtigkeit aus dem Dörrgut wieder in die Umgebung ausgeblasen.

Der Dörrvorgang mit erwärmter Luft

Die thermische Trocknung, also der Dörr-Vorgang, erfolgt in vier verschiedenen Abschnitten.

Vortrocknung

Bei der Vortrocknung wird ein Abtrocknen der Oberfläche bzw. der Schnittflächen der Rohware erreicht. Am Ende der Vortrocknung besteht die Gefahr, dass das Dörrgut nach dem oberflächlichen Abtrocknen zusammenklebt. Das ist besonders bei zuckerhältigen Obstarten der Fall. Aber auch Kräuter müssen während des ganzen Dörrvorganges immer rieselfähig und locker bleiben. Durch mehrmaliges vorsichtiges Wenden und Lockern wird die Bildung einer „Matte" verhindert. Das Dörrgut darf dabei so wenig wie möglich mechanisch belastet werden.

Da zu Beginn der Trocknung bei feuchtem Dörrgut die zugeführte Wärmemenge fast zur Gänze in Verdampfungswärme umgewandelt wird, besteht in diesem Abschnitt der Trocknung keine Gefahr der Überhitzung des Dörrgutes. Die **Temperatur der Trocknungsluft kann bis zu 80 °C** betragen, das Dörrgut selbst wird sich aber trotzdem nicht erwärmen. Bei einer Lufttemperatur von über 80 °C treten sogenannte nichtenzymatische Bräunungen auf. Außerdem kommt es zu unerwünschten Geschmacksveränderungen (wie Kochgeschmack) oder die Dörrprodukte schmecken verbrannt. Die Vortrocknung dauert so lange, bis sich die Oberfläche des Dörrgutes nicht mehr feucht anfühlt und die Temperatur des Dörrgutes beginnt, anzusteigen (dies ist am besten mit einem digitalen Laser-Thermometer zu überprüfen oder wenn sich das Dörrgut merklich erwärmt anfühlt).

TIPP! Wenden und auflockern

In der Vortrocknungsphase sollte das Dörrgut behutsam gewendet und aufgelockert werden, um ein Festkleben zu verhindern.

Haupttrocknung

Wenn die Oberfläche des Dörrgutes trocken ist und die Einzelstücke nicht mehr aneinander kleben, folgt die Phase der Haupttrocknung. In diesem Abschnitt wird nun die Hauptmenge an Wasser aus dem Dörrgut entzogen, und zwar so lange, bis das Dörrgut haltbar ist.

Mit zunehmendem Feuchtigkeitsverlust besteht jedoch die Gefahr eines Temperaturanstieges im Dörrgut. Die **Temperatur der Trocknungsluft muss nun je nach Produkt gesenkt werden**. Während der Haupttrocknung darf die Temperatur nicht höher sein als die maximal erwünschte Temperatur im Trocknungsgut. Nach Abschluss der Haupttrocknung **(das dauert so lang, bis kein merkbarer Trocknungsfortschritt zu erkennen ist, das Produkt sich also weder optisch noch haptisch verändert)** kann der Trocknungsvorgang beendet und die Abkühlphase eingeleitet werden.

Nachtrocknung

Wenn das Trocknungsgut raschel-dürr und knusprig werden soll, muss der Wassergehalt in der Nachtrocknungsphase noch weiter so lange reduziert werden, bis das Trocknungsgut hart ist und knackend gebrochen werden kann. Auch bei Blättern und Blüten wirkt sich eine Nachtrocknungsphase positiv auf die Qualität des Ergebnisses aus.

Für die Nachtrocknungsphase wird die **Heizung des Dörrgerätes ausgeschaltet** und das Dörrgut bei laufendem Gebläse rasch auf die Umgebungstemperatur abgekühlt.

Das **dauert je nach Gerät ca. 10 bis maximal 20 Minuten**. Nach der Nachtrocknung muss das jetzt kalte Dörrgut sofort vor Luftfeuchtigkeit geschützt werden. Das geschieht am besten in luftdichten Lagerbehältern. Bleibt das Dörrgut nach der Nachtrocknung in feuchter Luft offen liegen, war alle Mühe des Dörrens umsonst; das Dörrgut nimmt wieder Luftfeuchte auf und wird weich.

Gefriertrocknung bzw. Vakuumtrocknung

Bei der Gefriertrocknung wird das physikalische Prinzip der Sublimation genutzt. Das heißt, dass das gefrorene Wasser aus den Pflanzen direkt in die gasförmige Phase übergeht, ohne dass es vorher durch Auftauen flüssig wird.

Eine Einrichtung zur Gefriertrocknung besteht aus einer druckstabilen Kammer mit beheizbaren Horden zur Aufnahme des Dörrgutes und einem Wärmetauscher, meist einer Rohrschlange, die von einem Kältemittel durchströmt wird.

Meist werden diese Geräte als „Gefriertrocknern“ bezeichnet, obwohl der Begriff „Gefrierdörrer“ zutreffend wäre. Zuerst wird das Dörrgut unter Normaldruck schonend tiefgefroren. Nach dem Tiefgefrieren wird in der Kammer durch Absaugen der Luft ein Vakuum erzeugt. Im Vakuum geht das Wasser aus dem Dörrgut direkt in Wasserdampf über, ohne vorher aufzutauen. Der Wasserdampf schlägt sich als Eis auf der kalten Rohrschlange nieder. Durch die Gefriertrocknung kann der Restwassergehalt im Dörrgut auf 1–4 % gesenkt werden. Nach dem Vorgang der Entfeuchtung werden das gefriergedörrte (gefriergetrocknete) Gut und das Eis aus dem Gefriertrocknungsgerät entnommen.

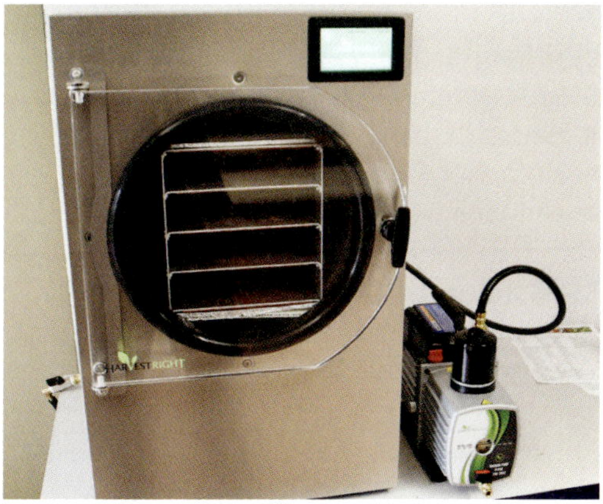

Gefriertrocknungsgerät

Bei Geräten in einfacher Ausführung muss das Dörrgut in einem separaten Gefriergerät gefroren werden und kommt anschließend im gefrorenen Zustand zum Entfeuchten in den Vakumdörrer (Vakuumtrockner). Geräte zur Gefriertrockung sind technisch aufwendig und meist teurer als andere Dörrgeräte. Bei der Gefriertrocknungkommt es zu keinem Verschrumpeln des Dörrgutes, weil die gefrorene Zellstruktur der Pflanzen nicht durch den Wasserentzug verändert wird.

TECHNISCHE ANLAGEN ZUM DÖRREN – DÖRRGERÄTE

Welches Dörrgerät passt?

Vor der Auswahl der passenden Geräte zum Dörren im eigenen Betrieb oder Haushalt müssen einige Überlegungen angestellt und folgende Punkte genau beachtet werden:

Was soll hauptsächlich dehydriert werden?

- Obst
- Gemüse
- Kräuter
- Pilze

Welche Mengen müssen auf einmal verarbeitet werden?

Kleinstmengen (bis 2 kg Obst und Gemüse)

- Haushaltsbackofen
- einfacher Selbstbau-Solardörrer
- einfache Dörrapparate mit 3–10 Etagen

Kleinstmengen (bis 500 g Blattkräuter)

- natürliches Trocknen auf einfachen Trocknungshorden

Mittlere Mengen (1,5–5 kg Obst und Gemüse, 1–2 kg Blattkräuter)

- professioneller Brotbackofen
- Dörrgeräte mit 5–10 Etagen und einer Fläche von ca. 1 m^2

Große Mengen (über 5 kg Obst und Gemüse)

- großer Brotbackofen
- Dörrschrank

Sehr große Mengen (mehr als 10 kg Obst und Gemüse, 5 kg Blattkräuter)

- professioneller Dörrschrank
- Selbstbau einer Dörr- oder Entfeuchtungsanlage

Wie viel Platz steht zur Verfügung?

- Kleine Dörrgeräte haben einen Platzbedarf von ca. 40 x 40 cm
- für eine professionelle größere Dörreinrichtung werden wird wesentlich mehr Platz benötigt (mache Dörreinrichtungen sind von der Größe her mit einer Kühl-Gefrier-Kombination zu vergleichen).

Andere Produkte außer Hauptprodukt?

- Die Auswahl des Dörrgerätes richtet sich nach dem Hauptdörrgut. Es gibt kein Dörrgerät, das für alle Produktgruppen gleich gut geeignet ist!

Dörrgeräte für den Haushalt

Im familiären Haushalt sollen meist kleinere Mengen von verschiedenen Produktgruppen haltbar gemacht werden. Häufig müssen auch verschiedene Ernteprodukte gleichzeitig haltbar gemacht werden: Äpfel vom Lieblingsapfelbaum wurden geerntet, die Zitronenmelisse muss dringend zurückgeschnitten werden, und das Wetter ist auch gerade ideal, um Ringelblumenblüten zu ernten. All das soll durch Dehydrierung haltbar gemacht machen. Das heißt, das Dörrgerät muss recht universell zu verwenden sein. Natürlich stellt sich im Haushalt ebenso wie in der gewerblichen Anwendung die Frage, was die Hauptaufgabe des Dörrgerätes ist, und danach richtet sich die Auswahl des Gerätes.

Die folgende Zusammenstellung gibt einen Überblick über mögliche Anforderungen. Kein Dörrgerät wird alle Bedingungen gleich gut erfüllen können, aber das Haupteinsatzgebiet bestimmt die Ausstattung.

Allgemeine Anforderungen an Dörrgeräte

- geringer Energieverbrauch
- mindestens 3 Leistungsstufen
- verschiedene Beladungsmengen
- leise
- transparente Tür aus Echtglas zur Überwachung des Trocknungsvorganges
- bei Einbau in Küche: Bedienfeld vorne
- kein Kunststoffgeruch, BPA (Bisphenol A) freier Kunststoff
- Frontabdeckung mit Scharnier (sonst muss die Abdeckung beim Öffnen immer abgenommen und extra abgelegt werden)
- stufenlose Wahl der Trocknungstemperatur
- geringer Platzbedarf
- Innenraum einfach zu reinigen

- Dörrgitter im Geschirrspüler zu reinigen
- möglichst große Trocknungsfläche
- auch für höhere Trocknungsgüter geeignet
- großer Luftdurchsatz
- bei vertikalem Luftstrom: große Leistung des Gebläses, ausreichender Luftstrom muss durch alle Horden geblasen werden
- für Erzeugung von Fruchtleder geeignet
- die Einschübe: mind. 500 g Tragkraft/Einschub; sollen leicht und präzise in den Schienen laufen
- feine Gitter auch für Samen und kleine Kräuter z. B.: Thymian
- zum Nachtrocknen von Samen für die Aussaat geeignet (Trocknungstemperatur max. 25 °C)
- einfacher Timer oder Programmsteuerung: mind. 2 Programmen (dualer Dörrmodus)
- Ein/Aus Schalter

zusätzliche Anforderungen an eine Trocknungsanlage für Kräuter

- Großes Volumen des Trocknungsgutes
- Lade oder Korb für Trocknungsgut
- gute Temperaturregelung besonders im Bereich um 40 °C
- einfach zu reinigen

zusätzliche Anforderungen an eine Trocknungsanlage für Obst und Gemüse

- leicht zu reinigen (abtropfende Fruchtsäfte müssen leicht zu entfernen sein)
- Obst darf nicht auf Trocknungshorden kleben bleiben
- Trocknungsvorgang leicht zu überwachen (einzelne Trocknungshorden sollten leicht zu kontrollieren sein)
- gute Reparaturmöglichkeit
- Anpassung an versch. Trocknungsmengen
- Temperaturbereich von 25–70 °C
- wenn Programmsteuerung, dann mindestens 2 Programme, die nacheinander aktiv werden

Weitere Optionen zum Dörren für den Hausgebrauch sind:

Haushaltsbackofen

Im Haushaltsbackofen können lediglich kleinere Mengen gedörrt werden. Wichtig dabei ist, dass die Temperatur exakt eingestellt werden kann, besonders für Kräuter dürfen Dörrtemperaturen von 42 °C nicht überschritten werden. Weiters muss ein guter Abzug der feuchten Luft möglich sein, sonst wird das Dörrgut gedünstet und nicht entfeuchtet! Dazu kann bei manchen Backöfen die Backofentür einen Spalt offen gelassen werden; einige neuere Modelle verfügen auch über eine eigene Dörrfunktion. Das Dörrgut wird auf ein Lochblech gelegt; Apfelringe können z. B. auf Stäbe gefädelt werden, die in die Einschübe für die Backbleche gehängt werden.

WICHTIG! Nicht empfehlenswert

Das Dörren im Backofen ist nicht zu empfehlen, weil in Dörrgeräten die Ergebnisse besser werden und der Energieverbrauch weit geringer ist.

Mikrowellengerät

Mit einem Haushalts-Mikrowellengerät können keine hochwertigen Dörrprodukte erzeugt werden!

Solare Dörranlage: Eigenbau

Mit einer solaren Dörranlage können nur kleine Mengen gedörrt werden, gleichzeitig ist man an Sonnentage gebunden. Im Handel werden keine leistungsstarken solare Dörranlage für größere Verarbeitungsmengen angeboten. Im Internet gibt es jedoch einige Bauanleitungen und Hinweise zum Selbstbau von solaren Dörranlagen. Wer regelmä-

Selbst gebaute solare Dörranlage

ßig auch größere Mengen an hochwertigen Dörrprodukten herstellen will, sollte jedoch aufgrund der im deutschsprachigen Raum herrschenden Klimabedingungen beim Dörren nicht ganz von der Sonnenenergie abhängig sein.

Dörrgeräte für den kleingewerblichen oder landwirtschaftlichen Betrieb

In der gewerblichen oder landwirtschaftlichen Anwendung ist es vor allem wichtig, sich zu überlegen, was die Hauptaufgabe des Dörrgerätes ist, und danach richtet sich die Auswahl des Gerätes.

Die Zusammenstellung auf S. 47 bis 49 gibt einen Überblick über mögliche Anforderungen. Kein Dörrgerät wird alle Bedingungen gleich gut erfüllen können, aber das Haupteinsatzgebiet bestimmt die Ausstattung.

HINWEIS! Was wird gedörrt?

Vor der Investition muss klar definiert werden, für welches Trocknungsgut die Dörreinrichtung vorrangig benutzt wird. Es gibt kein Gerät, das sich für alle Dörrgüter gleich gut eignet.

Weitere Optionen im kleingewerblichen oder landwirtschaftlichen Bereich sind folgende Dörrmöglichkeiten mit Warmluft:

Elektrischer Brotbackofen

Ein Brotbackofen eignet sich sehr gut zum Dörren. Auf einer Fläche von ca. 95 x 95 cm, das entspricht einem Brotbackofen für 4 Brotlaibe, können 5 kg frische Marillen (Aprikosen) oder 1,5–2 kg Blattkräuter auf einmal gedörrt werden. Am sparsamsten ist das Dörren mit der Restwärme nach dem Brotbacken.

Beim Dörren von Pflanzen mit ätherischen Ölen muss darauf geachtet werden, dass eine Temperatur von 42 °C im Inneren des Trocknungsgutes nicht überschritten wird. Das heißt, der Backofen sollte nach dem Brotbacken einige Stunden auskühlen. Das Trocknungsgut muss auf ein Lochblech gelegt werden. Lochbleche (gelochte Backbleche) aus Edelstahl sind im Lieferumfang des Backofens enthalten oder werden als Zubehör angeboten. Auf einem Backblech ohne Löcher ist die notwendige Luftzirkulation nicht gegeben. Zur besseren Abgabe der Feuchtigkeit sollte zwischen Lochblech und Backofen ein Abstand von mindestens 5 cm eingehalten werden. Dazu wird das Blech auf wärmebeständige Unterlagen (z. B. Suppenteller) gelegt. Die Backofentür soll beim Dörren geöffnet bleiben, damit die feuchte Luft aus dem Ofen abziehen kann.

Solare Dörranlagen

Solare Dörranlagen eignen sich zum Verarbeiten von Obst, Gemüse, Kräutern und Pilzen. Solare Dörranlagen sind für kleingewerbliche und landwirtschaftliche Produktion geeignet. Jedoch ist im mitteleuropäischen Bereich das ausschließliche Dörren mit Sonnenenergie nicht möglich, weil die Witterungsbedingungen nicht immer optimal sind.

Anforderungen an solare Dörranlagen: Solare Dörranlagen müssen eine gute Steuerungsmöglichkeit der Trocknungstemperatur haben; auch an heißen Hochsommertagen darf die Trocknungstemperatur, die für das jeweilige Trocknungsgut empfohlene Maximaltemperatur nicht übersteigen. Weiters muss das „Nachschwitzen des Trocknungsgutes" verhindert werden, wenn keine Sonneneinstrahlung zur Verfügung steht. Denn die Vermehrung von Mikroorganismen ist auf nachträglich wieder befeuchtetem Trocknungsgut bedeutend höher als bei noch nicht gedörrten Frischpflanzen. Wenn in den Abend- und Nachtstunden die Trocknungsluft durch die fehlende Sonneneinstrahlung abkühlt, können Pflanzen durch Kondensation und Atmung wieder in einen kritischen Feuchtezustand gelangen. Das Trocknungsgut ist bereits nach wenigen Stunden als verdorben und gesundheitsschädlich zu betrachten. Es darf keinesfalls am nächsten Morgen einfach weitergedörrt werden, denn Trocknungsgut kann nur unter einem Feuchtegehalt von 15 % mehrere Stunden zwischengelagert werden. Da mit solaren Trocknungsanlagen auch im Hochsommer an einem Sonnentag die geforderten Trockensubstanzwerte selten oder nie erreicht werden, muss zumindest für die erste Nacht für eine Aufrechterhaltung des Trocknungsprozesses gesorgt werden. Gleiches gilt auch für unerwartet bedeckten Himmel während der ersten Trocknungsphase.

Dörrschränke mit Warmluftbetrieb

Von einigen Herstellern werden Dörrschränke angeboten, die vorwiegend für den landwirtschaftlichen Betrieb mit Direktvermarktung ausgelegt sind. Es gibt verschiedene Größen und Leistungsklassen. Eine einfache Bedienung, hohe Leistung (von 10–100 kg Obst und Gemüse) und die Verarbeitung von Materialien, die den geforderten Hygienestandards entsprechen, sind Vorzüge, die diese meist kostenintensive Investition rechtfertigen. Um einen Dörrschrank wirtschaftlich auszunützen, müssen regelmäßig entsprechend große Mengen verarbeitet werden.

Kondensationsentfeuchter

Funktionsprinzip der Kondensationsentfeuchtung: Ein Ventilator saugt feuchte Raumluft ins Gerät und führt sie über einen Wärmetauscher der Kälteanlage. Dadurch wird die Luft rasch abgekühlt. Bei Unterschreitung des Taupunktes kondensiert Wasserdampf zu flüssigem Wasser. Das ist so, wie wenn warme Luft in einem geheizten Zimmer auf eine kalte Fensterscheibe trifft. Auch dort kondensiert der Wasserdampf, und die Wassertropfen werden auf der Fensterscheibe sichtbar. Das Wasser wird in einem Sammelbehälter im Gerät aufgefangen oder über einen Schlauch aus dem Gerät geleitet.

Kondensationstrocknung ohne Zwangsbelüftung: Das Entfeuchtungsgerät wird in einem geschlossenen Raum aufgestellt. Das Trocknungsgut befindet sich auf Dörrhorden und gibt die Feuchtigkeit an die Raumluft ab. Die Raumluft wird durch das Entfeuchtungsgerät gesaugt und im Gerät getrocknet.

Die trockene Luft wird wieder in den Raum geblasen und nimmt wieder Feuchtigkeit aus dem Trocknungsgut.

Wichtig ist eine gleichmäßige Luftverteilung im ganzen Raum. Falls das nicht durch das Entfeuchtungsgerät gewährleistet ist, muss für eine zusätzliche Luftbewegung mittels Ventilatoren gesorgt werden. Das Trocknungsgut muss gut von trockener Luft „umspült" werden. Für einen geschlossenen Trocknungsraum wird das Entfeuchtungsgerät so gewählt, dass die Entfeuchtungsleistung pro 24 Stunden der maximalen Wassermenge im Trocknungsgut entspricht:

100 kg frische Zitronenmelisse enthalten ca. 80 l Wasser. Daher muss die Entfeuchtungsleistung des Gerätes 80–100 l Wasser pro 24 Stunden sein.

Die Lufttemperatur im Raum darf 40 °C nicht übersteigen, da die Kondensationsentfeuchtung nur bis zu diesem Wert funktioniert.

Die Kondensationsentfeuchtung ist hervorragend geeignet, um Kräuter und Pilze zu dörren. Für Obst und Gemüse sind die Dörrzeiten meistens zu lange und die verbleibende Restfeuchte zu hoch. Die Produkte werden nur selten „knackig und kross".

ENERGIEVERBRAUCH VON DÖRRGERÄTEN

HINWEIS! Formeln zur Berechnung

Leistung (Watt) mal Zeit (Stunden) = Energieverbrauch in Wattstunden (Wh)

Wattstunden (Wh) geteilt durch 1000 = Verbrauch in kWh

kWh mal Stromkosten (cent/kWh) = Kosten des Dörrvorganges

Ein Beispiel

Dörrgerät-Leistung: 600 Watt; Dörrzeit: 8 Stunden

600 mal 8 = 4800 Wh

4800 geteilt durch 1000 = 4,8 kWh

4,8 kWh mal 40 cent = 192 cent = 1,92 €

Möglichkeiten des Energiesparens

Optimale Dörrtechnik

Für Obst, Gemüse und Pilze ist das Dörren mit Warmluft die beste Technik, Kräuter werden durch Kondensationsentfeuchtung am besten dehydriert.

Passende Größe des Dörrgerätes

Dörrgeräte verbrauchen immer gleich viel Strom, egal ob sie voll oder nicht voll befüllt sind. Daher muss die Größe des Dörrgerätes so abgestimmt sein, dass immer mit voller Beladung gearbeitet werden kann. Das gilt für kleine Geräte genauso wie für große Profi-Anlagen. Bei manchen Dörrgeräten kann für „halbe Beladung" einer von 2 Lüftern und eine Heizung weggeschaltet werden.

Intervalldörren

Nach der Vortrocknungsphase (siehe S. 46) ist die Nachdiffusion der Feuchtigkeit aus dem Inneren der Pflanze an die Pflanzenoberfläche der begrenzende Faktor. Es kann daher sinnvoll sein, die Gebläseleistung zu reduzieren oder beim Dörren so lange Pausen einzulegen, bis wieder Feuchtigkeit aus der Pflanze nachdiffundiert ist und vom Gebläse abtransportiert werden kann. Ob Intervalldörren möglich und sinnvoll ist, hängt von der Dörranlage und vom Dörrgut ab. Darüber können keine generellen Aussagen getätigt werden.

Nur trockene Pflanzen dörren

Der Anteil an Haftwasser (bei z. B.: bei regennassen Pflanzen oder gewaschenen Pflanzen) ist etwa gleich hoch wie der Wasseranteil im Inneren der Pflanze (Zellsaft). Daher müsste bei nassen Pflanzen bedeutend mehr Feuchtigkeit weggedörrt werden als bei trockenen Pflanzen. Das trifft besonders auf Kräuter zu! Bei Obst auf ein Säurebad zur Verhinderung von Bräunungen verzichten. Auch das Säurebad verursacht eine erhebliche Menge an Haftwasser.

Nur richtige Pflanzenteile dörren

Auch das gilt vor allem für Kräuter. In den Stängeln wird das Wasser am längsten gehalten. Daher ist es wichtig, die Blätter vor dem Dörren von der Pflanze abzurebeln. Die Dörrzeit von gerebelten Blättern ist halb so lange wie das Dörren ganzer Zweige!

Richtige Dörrtemperatur

Je höher die Dörrtemperatur ist, umso mehr Energie wird zum Erhitzen der Luft benötigt. Daher muss die geringstmögliche Temperatur gewählt werden, bei der das Dörrgut in kurzer Zeit fertig dehydriert ist.

Große Oberfläche

Je größer die Oberfläche zur Abgabe des Zellwassers ist, umso kürzer sind die Wege des Wassers innerhalb der Pflanze und umso kürzer dauert der Dörrvorgang. Aber je größer die Oberfläche ist, umso größer sind auch die Verluste an wertbestimmenden Inhaltsstoffen (z. B.: ätherische Öle). Das heißt, der Grad der Zerkleinerung muss ein Kompromiss zwischen schnellem Dörrvorgang und größter Produktschonung sein. Außerdem bestimmt die Verwendung des Dörrproduktes den Zerkleinerungsgrad. Ein Beispiel: Kleine Apfelwürfel unter 5 mm Seitenlänge dörren sehr schnell und sind bestens für Früchtetees geeignet, als Knabberobst werden sie aber nicht eingesetzt werden können.

Dörrgut wenden und locker halten

Aus Feuchte-Inseln und am Dörrgitter festgeklebten Früchten und Gemüse kann die Feuchtigkeit sehr schlecht abgeführt werden. Daher sind Wenden und Lockern wichtige Maßnahmen zum raschen, effektiven Dörren. Die Dörrzeit wird dadurch deutlich reduziert.

Dörrprozess überwachen

Der Dörrvorgang wird beendet, sobald das Dörrgut fertig dehydriert ist. Überdörren verbraucht nur nutzlos Energie!

Trockene Umgebungsluft

Bei Dörrgeräten, die mit Lufterwärmung arbeiten, wird Umgebungsluft angesaugt und erwärmt. Die warme, feuchte Luft wird anschließend wieder aus dem Gerät geblasen. Dadurch steigt in geschlossenen Räumen mit der Zeit der Wassergehalt in der Luft. Daher ist es wichtig, die Raumluft zu kontrollieren und besonders in kleinen Räumen zu lüften, damit möglichst trockne Luft angesaugt und erwärmt werden kann. Die angesaugte Umgebungsluft sollte nicht mehr als 60 % relative Feuchte haben!

HINWEIS! Verschiedene Dörrgeräte

Detaillierte Beschreibungen von Dörrgeräten finden Sie ab S. 159.

TEIL II
TROCKNEN UND DÖRREN PRAXIS

GRUNDLEGENDES – BEVOR ES LOSGEHT

In diesem Buch geht es um das Dörren (und in wenigen Ausnahmefällen um das Trocknen) von verschiedenen Produkten. Diese sind in Produktgruppen eingeteilt, und zwar:

- Obst
- Gemüse
- Arznei- und Gewürzpflanzen
- Pilze

Die zu den Produktgruppen zählenden Früchte, Kräuter, Blüten usw. sind in den folgenden Kapiteln einzeln beschrieben. Darin wird auf die Ernte, die Vorbereitung der Produkte und die Trocknung eingegangen, weiters finden sich Rezepte mit den Dörrprodukten.

Zunächst allerdings soll zunächst Grundlegendes erörtert werden, das beachtet werden muss, bevor überhaupt mit der Trocknung begonnen werden kann.

ROHWARE

Es darf nur Rohware von höchster Qualität verarbeitet werden. Durch die Trocknung kann im besten Fall die vorhandene Qualität erhalten werden. Mängel der Rohware zu verdecken oder zu verbessern, wird auch bei viel Erfahrung und bester Technik kaum gelingen.

Anforderungen an die Rohware für alle Produktgruppen

Zur Herstellung hochwertiger Dörrprodukte muss die Rohware folgende Punkte erfüllen:

- genau definiert (besonders Kräuter und Pilze)
- sauber
- gesund
- unbeschädigt
- vollreif, aber nicht überreif
- aromatisch mit typischem Geschmack

Wassergehalt von pflanzlichen Lebensmitteln

Der Wassergehalt bezeichnet die nach einem festgelegten Verfahren ermittelte Wassermenge eines Lebensmittels in Massenprozenten. In der folgenden Aufzählung finden sie einige Beispiel von Produkten, die einen unterschiedlich hohen Wassergehalt haben.

Erntefrische Produkte: natürlicher Wassergehalt in %:

- Kürbis, Zucchini 95
- Kraut 92
- Karfiol 92
- Erdbeeren 90
- Rote Rübe/Rote Bete 89
- Lauch 88
- Pfirsich 87
- Zwiebel 85
- Marillen/Aprikosen 85
- Basilikum 86
- Thymian 85
- Zwetschke 84
- Karotte 83
- Birnen 83
- Äpfel 83
- Bananen 75
- Erdäpfel/Kartoffel 74
- Kren/Meerrettich 73

Marillen auf dem Dörrgitter: Nur aus bester Rohware können hochwertige Verarbeitungsprodukte erzeugt werden.

SONDERFÄLLE

Es gibt in allen Produktgruppen (außer bei den Blüten) Pflanzen, die nur mit höherem Aufwand und mehr Erfahrung erfolgreich gedörrt werden können.

Obst

- Gojibeeren
- Weintrauben
- Kulturheidelbeeren

Gemüse

- Erdäpfel
- Avocado

Kräuter

- Basilikum
- Dillkraut
- Koriander

PFLANZEN, DIE SICH NICHT ZUM DÖRREN EIGNEN

Obst

- Brombeeren
- Johannisbeeren (alle Sorten)

ACHTUNG! Nie Indianerbananen dörren

Indianerbananen (*Asimina triloba*) lassen sich zwar dörren, führen aber in gedörrtem Zustand zu Übelkeit und Erbrechen!

Gemüse

- Avocado
- Salat (Asiasalat, Babyleaf etc.)

Kräuter

- Borretsch
- Kerbelkraut
- Kresse
- Pimpinelle
- Waldmeister

Dörrtemperaturen und Dörrzeiten für das Dörren in Warmluftgeräten

Für jedes Produkt sind in der folgenden Übersichtstabelle die empfohlene Dörrtemperatur und die erforderliche Dörrzeit angegeben. Die angeführten Werte sind jedoch lediglich als ungefährer Richtwert zu verstehen, weil viele Faktoren den Dörrprozess beeinflussen.

Dörren im Backofen ist hier nicht erwähnt und aus mehreren Gründen (siehe S. 49) auch nicht empfehlenswert. Auch für das Dörren mit Kondensationsentfeuchtung ist diese Tabelle nicht gültig.

Alle Arten von Salat ergeben nach dem Dörren kein zufriedenstellendes Ergebnis.

ÜBERSICHT: DÖRRTEMPERATUR UND DÖRRZEIT

Produkt (Seite)	Größe des Produkts	Temperatur *	Zeit **
	Obst		
Andenbeere (Physalis; S. 74)	ganz	50–70	8
Aronia (S. 72)		42–45	12
Äpfel (S. 63)	Spalten Ringe 4 mm Würfel 10 mm	60	6–8
Bananen (S. 80)	Scheiben 4 mm	70	8
Birnen (S. 65)	Scheiben 4 mm	60	6–8
Mostbirnen (Kletzen; S. 66)	ganz halbiert	70–80 70–80	20 12
Ebereschen (Vogelbeeren; S. 77)	ganz	50	10
Erdbeeren (S. 73)	Scheiben 4 mm	50–65	6–8
Felsenbirne (S. 77)	ganz	65	8
Hagebutten (S. 76)	ganz	42–50	8
Heidelbeeren, Preiselbeeren (S. 73)	ganz	50	6–8
Himbeeren (S. 72)	ganz	50	
Holunderbeeren (S. 75)	ganz	50	8
Kornelkirsche (S. 68)	ganz	50	10
Kirschen, Weichseln (Sauerkirschen; S. 70)	ganz, entsteint	42–60	6–10
Kiwi, Papaya, Mango (S. 81)	Scheiben 4 mm	60	8
Marillen (Aprikosen; S. 69)	halbiert	60–65	8–12
Melonen (S. 79)	Spalten 10 mm	55	8
Orangen, Zitronen, Limetten (S. 79)	Scheiben 4 mm	42	8
Pfirsiche, Nektarinen (S. 71)	halbiert	65	12
Quitten (S. 68)	Scheiben 4 mm	40–50	6
Sanddorn (S. 78)	ganz	42	8
Schlehe (S. 78)	ganz, entsteint	42	8
Zieräpfel (S. 77)	halbiert	50–60	6
Zier- oder Scheinquitte (S. 68)	halbiert	40–50	6–8
	Gemüse		
Gurken (S. 96)	Scheiben 4 mm	60	8

* in ° Celsius   ** in Stunden

Produkt (Seite)	Größe des Produkts	Temperatur *	Zeit **
Karfiol (Blumenkohl), Brokkoli (S. 102)	Röschen	60	6
Karotten (S. 99)	Scheiben 4 mm	60	8
Knoblauch (S. 98)	Scheiben 4 mm	42	6
Knollensellerie (S. 101)	Würfel 10 mm	50	6
Kohlsprossen (S. 101)	ganz	50–65	8
Kürbis (S. 93)	Scheiben 4 mm Würfel/Sticks 8 mm	70	8
Lauch (S. 97)	Scheiben 4 mm	55	6
Paprika, Pfefferoni (S. 94)	Streifen, Ringe 4 mm	60	
Paradeiser (Tomaten; S. 94)	halbiert	60–70	8
Pastinaken (S. 100)	Scheiben 4 mm	60	8
Rote Rüben (Rote Bete; S. 98)	Scheiben 4 mm	60–70	8
Selleriekraut (S. 101)	Blätter gerebelt	42	4–6
Zucchini (S. 91)	Scheiben 10 mm	60	8
Zwiebel (S. 97)	Ringe 4 mm, Würfel 5 mm	60	6
Kräuter			
Anisysop (S. 110)	abgerebelt	42	6–8
Apfelminze (S. 118)	abgerebelt	42	6–8
Basilikum (S. 110)	abgerebelt	42	10–12
Bergbohnenkraut (S. 118)	ganzes Kraut mit Stängeln	42	6–8
Brennnessel (S. 112)	abgerebelt	42	4–8
Brotklee (S. 112)	ganzes Kraut mit Stängeln	42	6
Duftpelargonie (S. 113)	abgerebelt	42	6
Estragon (S. 114)	ganzes Kraut mit Stängeln	42	8
Liebstöckel (S. 114)	abgerebelt	42	8
Majoran (S. 121)	ganzes Kraut mit Stängeln	42	6
Oregano (S. 121)	ganzes Kraut mit Stängeln	42	6
Petersilie (S. 117)	abgerebelt	42	8
Pfefferminze (S. 117)	abgerebelt	42	6–8
Salbei (S. 121)	abgerebelt	42	6
Spitzwegerich (S. 115)	abgerebelt	42	6–8
Thymian, Quendel (S. 119)	ganzes Kraut mit Stängeln	42	4-6
Wermut (S. 120)	abgerebelt	42	5

* in ° Celsius ** in Stunden

Produkt (Seite)	Größe des Produkts	Temperatur *	Zeit **
Ysop (S. 120)	ganzes Kraut mit Stängeln	42	6–8
Zitronenkatzenminze (S. 115)	abgerebelt	42	8
Zitronenmelisse (S. 116)	abgerebelt	42	6–8
Zitronenverbene (S. 116)	abgerebelt	42	6–8
Wurzeln			
Alant (S. 123)	Scheiben 4 mm Würfel 10 mm	60	10
Baldrian (S. 123)	geschnitten	60	8
Eibisch (S. 123)	Scheiben 4 mm Würfel 10 mm	60	10–12
Gelber Enzian (S. 123)	Würfel 10 mm	60	10–12
Früchte und Samen			
Anis (S. 125)	Dolden mit reifen Samen	42	4
Dillsamen (S. 125)	Dolden mit reifen Samen	42	4
Engelwurz (S. 125)	Dolden mit reifen Samen	42	4
Fenchel (S. 126)	Dolden mit reifen Samen	42	4
Koriander (S. 126)	Dolden mit reifen Samen	42	4
Kümmel (S. 127)	Dolden mit reifen Samen	42	4
Blüten			
Goldmelisse (S. 127)	Blütenblätter abgezupft	55	5
Holunderblüten (S. 129)	ganze Dolden	55	4–6
Kamille (S. 129)	ganze Blüten	60	4–6
Kornblume (S. 130)	ganze Blüten	60	4–6
Lavendel (S. 131)	ganze Blüten	42	4–6
Ringelblume (S. 132)	ganze Blüten Zungenblüten abgezupft	60 50	8 4
Pilze			
kleine Pilze (z. B. kleine Eierschwammerln/Pfifferlinge ...); ab S. 141	ganze Pilze	60	6–8
große Pilze (z. B. Steinpilze, Kräuterseitlinge ...); ab S. 141	Scheiben 3–5 mm	40	6

* in ° Celsius ** in Stunden

OBST

OBST ERNTEN

Anforderungen an die Rohware

Früchte, die gedörrt werden sollen, müssen von bester Qualität sein. Schlechte Ausgangsprodukte bewirken ein unbefriedigendes Ergebnis nach der Trocknung. Das Obst darf nicht überreif und keinesfalls schimmlig sein. Leichte Schalenfehler, wie zum Beispiel Hagelschäden, stören die Qualität der Dörrfrüchte nicht und sind nach dem Dörrvorgang nicht mehr zu erkennen.

Vor dem Dörren werden alle Früchte sorgfältig sortiert und bei Bedarf gereinigt. Kerngehäuse, Kerne, Steine und Stiele werden entfernt. Das Schälen ist nur dann notwendig, wenn Schalen mit chemischen Pflanzenschutzmitteln behandelt wurden. Bei Bio-Obst kann auf das Schälen verzichtet werden. Das gilt besonders für Äpfel und Birnen: Bei diesen Früchten enthält die Schale viele Geschmackstoffe, die dem Dörrobst ein besonderes Aroma verleihen! Obst sollte immer mit der Schnittfläche nach oben aufgelegt werden, das erleichtert die Wasserabgabe an die Trocknungsluft. Es dürfen daher auch niemals mehrere Lagen von Früchten aufeinandergeschichtet werden. Nebeneinander dürfen sich die frischen Früchte berühren, denn durch den Wasserverlust beim Dörren schrumpfen die Früchte und berühren einander schon bald nicht mehr.

OBST ZUM DÖRREN AUFBEREITEN

Die Vorbereitung zum Dörren kann je nach Obstart und gewünschtem Endprodukt aus folgenden Prozessschritten bestehen:

- reinigen oder waschen
- entsteinen (Marillen, Zwetschken, Pfirsiche, Ringlotten, Kirschen ...)
- schälen
- Kerngehäuse entfernen
- schneiden (Scheiben, Würfel, Ringe, Spalten, Hälften)
- abrebeln (Weintrauben, Holunder)
- blanchieren
- würzen, zuckern (z. B.: Äpfel mit Zimt und Zucker)

Farbveränderungen und Braunwerden

Besonders bei geschnittenem Obst tritt durch den Sauerstoffgehalt der Luft häufig eine je nach Obstart und Sorte verschieden starke Bräunung des Fruchtfleisches auf.

Das wird in Betrieben, die auf das industrielle Erzeugen von Dörrobst spezialisiert sind, häufig durch den Einsatz verschiedener chemischer Substanzen verhindert. Zum Einsatz kommen neben Zucker und Salz auch Zitronen- und Ascorbinsäure sowie Schwefel.

In diesem Buch wird aber nicht näher auf die Verwendung chemischer Zusätze eingegangen, da leichte Bräunungen lediglich optische Veränderungen verursachen und keine Qualitätseinbußen des fertigen Produktes darstellen. Chemische Zusatzstoffe, im Besonderen schwefelige Säure, mindern zweifellos den gesundheitlichen Wert des Dörrproduktes. Gerade in der Direktvermarktung wird der Konsument bei entsprechender Aufklärung das unbehandelte Produkt als wertvoller erkennen und leichte Bräunungen akzeptieren.

In letzter Zeit werden Dörräpfel mit Schale viel stärker nachgefragt als das früher der Fall war. Sie gelten als gesünder und aromatischer. Bei der Verarbeitung mit Schale ist Obst aus kontrolliert biologischer Produktion klar im Vorteil.

Bei der Vorbereitung muss darauf geachtet werden, Fruchtstücke von annähernd gleicher Größe zu erhalten. Nur dann werden gleiche Dörrzeiten für das gesamte Trocknungsgut erreicht.

KERNOBST

Äpfel

Rohware

Der Apfel muss fest sein und darf keine Druckstellen aufweisen. Mehlige Äpfel und überlagerte Früchte eignen sich nicht zum Dörren. Die besten Ergebnisse beim Dörren bringen Früchte mit hellem Fruchtfleisch und mit gutem Säure-Zucker-Verhältnis. Meistens handelt es sich dabei um alte Sorten. Diese Sorten werden weniger braun und schmecken als Dörrobst erfrischend und sortentypisch. Die säurearmen Apfelsorten wie beispielsweise „Golden Delicious“, „Gala“, „Braeburn“, werden beim Dörren braun und schmecken als Dörrobst nicht sehr aufregend. Gerade beim Apfel, bei dem man sich in letzter Zeit wieder verstärkt auf alte Sorten besinnt und diese vor dem Aussterben bewahrt, lohnen sich Experimente: Sortenreines Dörrobst eignet sich besonders für den eigenen Hofladen und kann bei informativen Verkostungen präsentiert und beworben werden.

Apfelsorten, die eine lange Tradition als Dörrobst haben:

- Elstar
- Rubinette
- Kronprinz Rudolf
- Deutscher Goldpepping
- Geflammter Kardinal
- Kaiser Alexander
- Boikenapfel
- Champagnerrenette (Reinette)
- Canadarenette
- Cox Orangenrenette
- Gelber Bellefleur
- Roter Eiserapfel

Äpfel werden in verschiedenen Formen gedörrt: Als Ringe und Spalten zum direkten Verzehr, Sticks und Würfel werden für verschiedene weitere Verarbeitungsschritte und für Teemischungen benötigt.

Dörräpfel in mehreren Varianten: gefriergedörrt und unbehandelt (links), in Spalten, gedörrt und unbehandelt (Mitte), in Ringen, gedörrt und mit Schwefeldioxid behandelt (rechts).

- Wintergoldparmäne
- Holländischer Küchenapfel
- Großer rheinischer Bohnapfel

Vorbereitung

Apfelringe: Nach dem Waschen der Äpfel am besten das Kerngehäuse ausstechen und anschließend die Äpfel in ca. 5 mm dicke Ringe schneiden, das gelingt sehr gut mit einer Brotschneidemaschine. Damit die Äpfel gleichmäßig dörren, ist es wichtig, dass alle Ringe gleich dick sind. Da die Schale sehr viele wertvolle Inhaltsstoffe enthält, ist es sinnvoll, die Äpfel nicht zu schälen. Eine Behandlung der geschnittenen Apfelringe mit Zitronensaft oder Zitronensäure zur Verhinderung von Verfärbung des Fruchtfleisches kann dann entfallen, wenn eine geeignete Sorte auswählt und sehr rasch gedörrt wird.

TIPP! Unbehandelte Äpfel verwenden

Äpfel mit unbehandelter Schale müssen vor dem Dörren nicht geschält werden.

Apfelspalten: Alternativ können die Äpfel auch in dünne Spalten geschnitten werden. Dazu die Äpfel waschen und mit einem Spaltenschneider zerteilen, der gleichzeitig auch das Kerngehäuse aussticht. Das Dörren von Spalten dauert etwas länger als bei Apfelringen.

Apfelsticks: Die Äpfel mit einem speziellen Gemüseschneider in gleich große Sticks schneiden.

Apfelwürfel: Vor dem Schneiden wird das Kerngehäuse entfernt und dann die Äpfel mit einem Würfelschneider, der für viele Küchenmaschinen erhältlich ist, in 1 x 1 cm große Würfel geschnitten. Nach dem Dörren haben die Würfel ein Format von ca. 0,5 x 0,5 cm und sind in dieser Größe für Strudel, Kuchen, Müsli und in Teemischungen gut zu verwenden.

Dörren

Die Trocknungstemperatur sollte bei 60 °C liegen. Von 1 kg Frischäpfeln bleiben nach dem Wasserentzug ca. 100 g Dörräpfel über. Das Eintrocknungsverhältnis beträgt also

1:10. Die Dörrzeit ist stark von der Größe der Fruchtstücke, der Luftbewegung und der Temperatur abhängig. Ab 12–15 % Restfeuchte sind Dörräpfel haltbar. Sie sind dann noch weich und biegsam, beim (Um-)Knicken tritt aber keine Feuchtigkeit mehr aus. Werden knusprige Apfelchips erzeugt, muss bis auf ca. 8 % Restfeuchte gedörrt werden. Die Apfelscheiben sind dann hart und können zerbrochen werden.

Birnen

Rohware

Tafelbirnen können zu köstlichen Dörrobstspezialitäten verarbeitet werden Zum Dörren eignen sich nur sehr süße Birnen mit festem Fruchtfleisch. Sie müssen genussreif, dürfen aber keinesfalls überreif und weich sein. Birnen, die nach der Ernte erst im Lager zur Genussreifen kommen, werden erst gedörrt, wenn sie diese erreicht haben. Die Unterschiede bezüglich der Genussreife sind sortenabhängig.

Daneben liefern auch einige alte Landsorten, die roh einen recht herben Geschmack aufweisen, hervorragendes Dörrobst. Als Beispiel sei hier die steirische Hirschbirne erwähnt, die in Österreich vor allem im Pöllauer Tal (Oststeiermark) kultiviert wird und weit über ihr Anbaugebiet hinaus als „Pöllauer Kletze“ bekannt ist (weitere Informationen zu „Kletzen“ siehe S. 66).

Vorbereitung

Kleine Birnen werden meist ungeschält mitsamt Kerngehäuse gedörrt. Dazu werden die Birnen in 4 mm dicke Scheiben geschnitten und unverzüglich in das Dörrgerät gegeben. Wegen des hohen Zuckeranteils kleben Birnen leicht am Dörrgitter fest, daher ist die Verwendung einer Dörrmatte mit geringer Haftneigung ratsam.

Dörren

Birnen sind gegenüber hohen Trocknungstemperaturen empfindlich und reagieren dann mit Verfärbungen. Besonders gegen Ende der Trocknungszeit darf eine Temperatur von 60 °C nicht überschritten werden. Sollen die Früchte zum Kochen und Backen verwendet werden, müssen sie nach dem Abkühlen noch weich und biegbar sein. Wurden sie zu stark gedörrt, werden sie bei einer späteren Verarbeitung nicht mehr weich. Als Dörrbirnen zum Direktverzehr werden sie gedörrt, bis sich mit deutlichem Knacken brechen.

Nur süße, ganz reife Birnen mit weichem, aber keinesfalls matschigem Fruchtfleisch werden zum Dörren verwendet.

Birnen werden am besten auf einer Dörrmatte gedörrt.

„Kletzen“ – eine typisch österreichische Spezialität

Neben der Verarbeitung von Tafelbirnen zu Dörrobst werden in Österreich auch Mostbirnen gedörrt. Diese Dörrbirnen werden in Österreich als „Kletzen“ oder „Hutzeln“ bezeichnet. Das Wort Kletze stammt vom Mittelhochdeutschen Wort „klötzen“ ab, was „spalten“ bedeutet.

Kletzen sind eine wichtige Zutat für Kletzenbrot, ebenfalls eine österreichische Spezialität, die im Advent gebacken wird (Rezept siehe S. 87).

Rohware

Zum Dörren werden überwiegend spätreifende Mostbirnensorten mit festem Fruchtfleisch, stabiler Schale und hohem Zuckergehalt verwendet. Zum Frischgenuss sind diese Birnen nicht geeignet.

Sie werden gedörrt, wenn sie schon „toag“ sind. Das bedeutet, die Früchte sind innen schon braun, weich und süß. Unreife Birnen sind hart, haben ein helles Fruchtfleisch und schmecken „adstringierend“ (= zusammenziehend).

Birnensorten für die Kletzenproduktion:

- Hirschbirne
- Dorschbirne
- Rote Pichelbirne
- Speckbirne
- Holzbirne
- Blutbirne

Mostbirnen (am Bild die „Pöllauer Hirschbirne“) sind reif, wenn sie innen bereits weich und braun sind.

Echte Kletzen werden aus Mostbirnensorten gemacht. Heute sind aber fast nur mehr gedörrte Tafelbirnen erhältlich.

HINWEIS! Mostbirnen sind heute selten

Kletzen kann man – schon allein wegen der oft mächtigen, alten Bäume – nicht pflücken, sie werden verarbeitet, wenn sie reif vom Baum fallen. Das händische Aufsammeln von Mostbirnen ist sehr zeitraubend und anstrengend und einer der Gründe für das Aussterben der Streuobstbäume.

Vorbereitung

Zur Herstellung von Kletzen werden die Birnen meist im Ganzen, manchmal auch halbiert, zum Dörren aufgelegt. Halbierte Birnen dörren viel schneller, für diese aufwendige Arbeit ist aber in der kurzen Erntesaison nur selten Zeit. Ob ganz oder halbiert, die Birnen werden eng aufgelegt, um die Dörrfläche gut auszunützen, dürfen sich aber nicht berühren, sonst wird die Luftbewegung verhindert und das Dörren dauert länger. Außerdem besteht die Gefahr, dass die Früchte nach dem Dörren zusammenkleben.

Gedörrte Edelbirnen oder Tafelbirnen (links) und „echte Kletzen" aus Mostbirnen (rechts).

Dörren

Es ist fast nicht möglich, in handelsüblichen Dörrgeräten Kletzen zu produzieren. Das Gerät müsste über mehrere Tage unter voller Leistung arbeiten, um die Birnen im Ganzen zu dörren.

Die Restwärme eines Brotbackofens bietet allerdings eine gute Möglichkeit für die Kletzenproduktion im kleinen Rahmen. Dazu werden Mostbirnen ganz oder halbiert nach dem Brotbacken im Backofen gedörrt. Je größer der Backofen und damit das Speichervolumen für Wärme ist, umso erfolgreicher kann gedörrt werden. Die Birnen werden bei 70–80 °C auf einem Lochblech in den Ofen geschoben und bei fallender Hitze bis zum völligen Erkalten des Ofens gedörrt. Das dauert je nach Ofen etwa 24 Stunden. Die feuchte Luft muss aus dem Ofen entweichen können: Entweder den Zug, falls vorhanden, leicht öffnen oder die Ofentür einen Spalt offen lassen. Vielleicht sind die Birnen bereits nach diesem einen Dörrvorgang fertig. Andernfalls muss das Obst nach einem weiteren Backtag ganz fertig gedörrt werden. Halbierte Birnen haben eine viel kürzere Trocknungszeit als ganze.

Die Kletzen sind fertig, wenn sie sich ledrig anfühlen und man sie nicht mehr eindrücken kann, sie aber noch nicht ganz hart sind. An Schnittstellen darf beim Zusammendrücken keine Feuchtigkeit mehr austreten. Es braucht einige Erfahrung, um den richtigen Zeitpunkt zu erkennen, wann die Kletzen fertig gedörrt sind.

Kletzen lassen sich gut in der Restwärme eines Brotbackofens dörren.

Kletzen dörren viel schneller, wenn sie halbiert sind.

Kletzen aus alten Dörrbirnensorten sind zum Essen zu hart. Sie werden vor der Verwendung gewässert und gekocht. Die heute im oft Handel erhältlichen Kletzen sind meist gedörrte Edelbirnen und daher ohne Einweichen zum Verzehr geeignet.

Quitten (*Cydonia oblonga, Cydonia vulgaris*)

Rohware

Die in Österreich, Deutschland und der Schweiz angebauten Quittensorten sind für den Rohgenuss nicht geeignet. Sie sind dafür zu hart, zu bitter und zu adstringierend. Die Früchte werden geerntet, sobald sie sich leicht von Baum lösen lassen und die Schale von grünlichgelb zu gelb umfärbt. Danach werden die Quitten sofort verarbeitet. Bei zu später Ernte oder längerer Lagerung verfärbt sich das Fruchtfleisch braun.

Vorbereitung

Die Schale der Quitten wird mit einem weichen Tuch abgerieben, so wird der pelzige Überzug entfernt. Anschließend wird das Fruchtfleisch vom Kerngehäuse heruntergeschnitten und am besten in 1 x 1 cm große Würfel geschnitten. Das gelingt auch mit einer Küchenmaschine mit Würfelschneider hervorragend.

Dörren

Das Dörren der Quitten erfolgt bei 50 °C; verwendet werden gedörrte Quitten als erfrischende Nascherei.

Zier- oder Scheinquitte (*Chaenomeles japonica*)

Zierquitten haben ein säuerlich-fruchtiges Aroma und sind für Früchteteekompositionen eine wunderbare Ergänzung.

Rohware

Die Früchte werden im September reif. Sie sind roh ungenießbar, entfalten jedoch gedörrt in Kräuterteemischungen ein angenehm säuerlich-erfrischendes Aroma.

Vorbereitung

Die Früchte werden mitsamt Kerngehäuse in dünne Scheiben, besser noch in kleine Würfel geschnitten.

Dörren

Das Dörren sollte zügig bei 40–50 °C erfolgen.

Kornelkirsche (*Cornus mas*)

Kornelkirschen sind nicht einfach zu entsteinen. Die Sorte „Kasanlaker" jedoch hat große Früchte und kann daher leichter entsteint werden. Gedörrte Früchte können Kräuter- und Früchtetees zugegeben oder im Müsli genossen werden (sofern die Steine entfernt wurden).

Rohware

Da nicht alle Früchte auf einem Strauch gleichzeitig reif werden, sind mehrere Erntedurchgänge von Ende August bis Anfang Oktober erforderlich. Die Früchte sollten bereits intensiv gefärbt sein und eine Konsistenz wie reife Kirschen aufweisen. Am besten eignen sich jene Früchte zum Dörren, die von selbst vom Stauch fallen. Zur leichteren Ernte werden unter dem Dirndlstrauch Planen aufgelegt und die abgefallenen Früchte in mehreren Etappen abgesammelt.

Vorbereitung

Große Früchte können entsteint werden. Kleine Früchte werden mit dem Stein gedörrt; sie eignen sich dann nur für Teemischungen.

Dörren

Kornelkirschen werden bei 50 °C gedörrt. Früchte ohne Stein sind viel schneller fertig (in ca. 8 Stunden), Früchte mit Stein benötigen die doppelte Trocknungszeit. Besonders bei Früchten mit Stein kann die lange Trocknungsdauer zu Schimmelbefall führen.

STEINOBST

Steinobst ist ein Sammelbegriff für alle einsamigen Obstarten, bei denen das Fruchtfleisch um einen zentralen Kern (Stein) ausgebildet ist. Für ein vollständiges und zügiges Dörren ist der Stein immer zu entfernen! Die halbierten oder noch weiter zerkleinerten Früchte werden mit der Schnittfläche nach oben (Schale nach unten) aufgelegt. Der Dörrvorgang erfolgt bei mittleren bis höheren Temperaturen und gutem Luftaustausch und ist genau dann zu beenden, wenn beim Zusammendrücken keine Feuchtigkeit mehr aus dem Dörrgut austritt. Wenn der Feuchtegehalt zu weit reduziert wird, sind die Früchte sehr hart und der Verzehr ohne Rehydrieren ist „kein Vergnügen". Erst mit einiger Erfahrung wird man den optimalen Zeitpunkt zum Beenden des Dörrvorgangs zuverlässig erkennen. Wenn sich Obstfliegen am Dörrgut sammeln, ist der Feuchtegehalt jedenfalls noch zu hoch! Was die natürliche Trocknung betrifft, so ist Steinobst immer problematisch, vor allem jene Sorten, die später im Herbst reifen. Denn zur Erntezeit im Herbst ist wegen der geringeren Tagestemperaturen und der höheren Luftfeuchte natürliche Trocknung nicht möglich und würde besonders rund um den Stein zu Schimmelbefall führen, weil sich dort die Feuchtigkeit am längsten hält.

Helle gedörrte Marillen (Aprikosen) links im Bild. Eine so leuchtend helle Fruchtfarbe wird nur durch den Einsatz von Schwefel vor dem Dörren erreicht. Unbehandelte Marillen rechts im Bild.

Marillen (Aprikosen)

Die großen Anbaugebiete für Marillen liegen in der Türkei, in Südafrika und in Kalifornien. Von dort kommen auch große Mengen von gedörrten Marillen zu uns in den Handel. Diese Früchte bestechen durch ihre hellgelbe bis strahlend orange Farbe. Solche Ergebnisse sind aber nur durch den Einsatz von Schwefel möglich. In der eigenen Verarbeitung wird man eine viel dunklere Farbe akzeptieren müssen – im Bewusstsein, dass der Wert für die Gesundheit ohne den Einsatz von chemischen Behandlungsmitteln weit größer ist.

Rohware

Marillen, die zum Dörren bestimmt sind, müssen vollreif und süß sein. Keinesfalls dürfen sie überreif und weich sein, denn dann zerrinnen sie während der Trocknung, und diese dauert zu lange. Am besten eignen sich Früchte aus eigener Kultur zum Dörren, denn diese können unverzüglich nach der Ernte gedörrt werden. Unreife, gelbliche bis grüne Früchte, wie sie im Lebensmittelhandel oft angeboten werden, sind für ein zufriedenstellendes Dörrergebnis ungeeignet.

Vorbereitung

Die Früchte werden halbiert oder in Viertel zerteilt, der Stein wird entnommen und die Früchte werden mit der Schalenseite auf das Dörrsieb aufgelegt. Eintrocknungsverhältnis 1:10.

Dörren & Verwendung

Die Vortrocknung erfolgt bei 60–65 °C, fertig gedörrt kann bei höheren Temperaturen werden.

Verwendet werden gedörrte Marillen für Müsli, zum Backen, als Kompott und als Knabberobst.

Marillen (Aprikosen) aus eigenem Anbau können durch Dörren gut konserviert werden.

Kirschen und Weichseln (Sauerkirschen)

Rohware

Kirschen und Weichseln eignen sich gleichermaßen zum Dörren. Große, fleischige Früchte mit einer gut ausgeprägten Färbung, viel Fruchtsüße und ausgeprägtem Aroma erzielen die besten Ergebnisse beim Dörren. Überreife und beschädigte Früchte scheiden für das Dörren aus – das gilt für alle Obstarten.

Vorbereitung

Kirschen und Weichseln werden schonend gewaschen, mit einem sehr scharfen Messer halbiert, woraufhin der Stein entnommen wird. Einfacher ist es, die Steine mit einem Entsteinungsgerät aus den Früchten zu drücken. Bei Früchten mit Stein ist die Trocknung problematisch. Rund um den Stein bleibt meist Restfeuchte erhalten, und dort beginnen die Früchte zu verschimmeln. Außerdem sind Dörrfrüchte mit Stein nicht gut zu verwenden.

Dörren

Die halbierten Früchte werden mit der Schalenseite auf das Trocknungsgitter aufgelegt. Zu Beginn des Dörrvorgangs darf die Temperatur nicht zu hoch sein (42 °C), da dies ein Aufplatzen der Fruchtzellen bewirken würde. Ein hoher Saftverlust und ein schlechter Trocknungsvorgang wären die Folge. Wenn das meiste Wasser aus den Früchten entfernt ist, kann bei höheren Temperaturen (50–60 °C) fertig gedörrt werden.

Verwendung

Dörrkirschen und -weichseln können wie Rosinen verwendet werden und eignen sich sehr gut für Früchtetee- und Müslimischungen. Auch als köstliche Knabberei sind sie sehr beliebt.

TIPP! Vor dem Dörren entsteinen!

Kirschen und Weichseln (Sauerkirschen) können nur dann optimal gedörrt werden, wenn zuvor der Stein entfernt wird. Bleibt der Stein in der Frucht, können Feuchte-Inseln um den Stein verbleiben, die den Ausgangspunkt für das Verschimmeln bilden.

Zwetschken (Pflaumen)

Rohware

Die Qualität der Rohware wird maßgeblich vom Zuckergehalt der Früchte beeinflusst. Der Zuckergehalt steigt mit zunehmender Reife an. Zwetschken sind jene seltene Ausnahme, bei der überreife Früchte ein besonders wohlschmeckendes Dörrprodukt liefern. Daher werden die Früchte zum Dörren erst sehr spät gepflückt. Sie können am Stielende bereits Schrumpfungen zeigen und sollten fast von selbst vom Baum fallen. Wurmige Früchte scheiden selbstverständlich für diese Art der Verarbeitung aus.

Vorbereitung

Bei Zwetschken wird die Wasserabgabe durch eine Wachsschicht auf der Schale stark eingeschränkt. Sollen ganze Früchte gedörrt werden, muss diese Wachsschicht vor dem Dörren durch Eintauchen in heißes Wasser zerstört werden. Wenn die Früchte halbiert und entsteint werden, kann die Behandlung mit Heißwasser entfallen, die Wasserabgabe erfolgt in diesem Fall hauptsächlich über die Schnittfläche. Die Früchte werden dann eng nebeneinander liegend, mit der Schalenseite nach unten, auf das Trocknungsgitter aufgelegt.

Zum Dörren werden nur sehr süße Zwetschkensorten verwendet. Die bleiben zum Ausreifen am Baum, bis sie von selbst herunterfallen oder abgeschüttelt werden können. Unreife Dörrzwetschken schmecken fad und charakterlos.

Pfirsichspalten dörren schneller als -hälften

Dörren

Vortrocknung bei geringer Hitze (ca. 50 °C), damit die Fruchtzellen nicht platzen. Später kann bei 75 °C fertig gedörrt werden.

Pfirsiche und Nektarinen

Rohware

Große aromatische Früchte, die sich leicht vom Stein lösen lassen, sind das am besten geeignete Ausgangsmaterial zum Dörren.

Vorbereitung

Die Früchte werden mit einem glatten Schnitt halbiert, und anschließend wird der Stein entnommen. Um die Trocknungsdauer zu verkürzen, ist es sinnvoll, die Hälften noch weiter zu zerkleinern. Dadurch wird die Oberfläche vergrößert und die Wasserabgabe erleichtert. Die Früchte werden in nur einer Lage mit der Schalenseite auf das Trocknungsgitter aufgelegt. Um die Trocknungsluft gut auszunützen, sollten die Früchte zu Beginn des Dörrvorganges eng aufgelegt werden.

Dörren

Die Temperatur soll 65 °C nicht überschreiten, die Trocknungsdauer beträgt in einem Dörrgerät bis zu 12 Stunden.

BEERENOBST

Aronia (*Aronia melanocarpa*)

Die aus Nordamerika stammende Apfelbeere, wie Aronia auch genannt wird, gehört zur Familie der Rosengewächse. Die Beeren erinnern an Kulturheidelbeeren, sind aber meist deutlich größer; der Geschmack ist herb-säuerlich. Die Pflanze hat den Ruf, besonders gesund zu sein.

Auch Cranberrys müssen vor dem Dörren angebrochen werden, damit die Feuchtigkeit aus den Beeren besser entweichen kann.

Rohware

Die Ernte beginnt Mitte August und erstreckt sich bis in den September. Erst wenn sie schon am Strauch zu runzeln beginnen, werden die vollreifen Früchte geerntet und vor dem Dörren von den Dolden gerebelt.

Vorbereitung

Ohne Vorbereitung dauert der Dörrvorgang tagelang, da die Früchte von einer schützenden Schale umgeben sind, die fast keine Feuchtigkeit entweichen lässt. Daher muss diese Schale vor dem Dörren „beschädigt“ werden, um ein Verdunsten des Zellwassers zu ermöglichen. Das geschieht am besten durch sanftes Aufbrechen der Früchte mit einem Nudelwalker (Rollholz). Die Früchte sollen dabei nicht platt gewalzt und ausgepresst, sondern nur angebrochen werden. Bei so bearbeiteten Beeren beträgt die Trocknungszeit rund 10 Stunden.

Aroniabeeren wachsen in Dolden und werden großteils zu Rohsaft („Muttersaft“) verarbeitet.

Dörren

Aroniabeeren werden zur Schonung der wertgebenden Inhaltsstoffe (besonders viel Vitamin C) bei 45 °C gedörrt.

Verwendung

Gedörrte Aroniabeeren ähneln im Aussehen Rosinen, sind aber geschmacklich nicht mit diesen lieblich-süßen Früchten zu vergleichen. Sie sind eher als Heilmittel denn als Genussmittel einzustufen.

Himbeeren, Brombeeren

Rohware

Wie bei jedem Obst ist auch hier nur die Verwendung von reifen aromatischen Früchten anzuraten. Nur saubere Himbeeren dürfen gedörrt werden.

Vorbereitung

Keinesfalls sollten Beeren vor dem Dörren gewaschen werden, weil beim Waschen viele Geschmacksstoffe ausgespült werden und nasse Beeren die anschließende Trocknung erheblich erschweren würden. Auf jeden Fall müssen die Beeren ganz bleiben, weil beim Zerschneiden der Saftverlust enorm wäre.

Himbeeren müssen beim Dörren ganz und unbeschädigt bleiben. Das erfordert eine sehr schnelle Verarbeitung und besondere Sorgfalt.

Gedörrte Heidelbeeren können zum Müsli hinzugefügt werden, sind aber auch ein bewährtes Hausmittel gegen Durchfall.

Dörren und Verwendung

Das Dörren muss sehr zügig, aber dennoch bei geringen Temperaturen erfolgen. Bei aller Mühe lohnt sich das Dörren nur dann, wenn man die Dörrfrüchte in eigenen Früchteteemischungen verwendet – denn für Müsli sind gedörrte Brombeeren und Himbeeren wegen des hohen Anteils an harten Kernen nicht zu empfehlen.

Heidelbeeren (Blaubeeren, Schwarzbeeren) und Preiselbeeren

Rohware

Kulturheidelbeeren sind größer als Waldheidelbeeren und haben ein helles Fruchtfleisch, Waldheidelbeeren ein dunkles. Zum Dörren benötigen sie gleich viel Zeit, weil die Wachsschicht bei den Waldheidelbeeren ausgeprägter ist.

Vorbereitung

Wenn notwendig, können Heidelbeeren vorsichtig in kaltem Wasser gewaschen werden. Dabei dürfen die Beeren nicht verletzt werden. Besser ist es jedoch, schon beim Ernten auf saubere Früchte zu achten.

Dörren

Heidelbeeren können bei geeignetem Wetter in der direkten Sonne zum Anwelken ausgelegt werden. Das Fertigdörren erfolgt dann auf dem Dörrgerät bei mäßigen Temperaturen (maximal 50 °C), um ein Aufplatzen und einen Saftverlust zu verhindern. Da Heidelbeeren beim Dörren stark schrumpfen, dürfen nur engmaschige Gitter verwendet werden. Gröbere Gitter werden mit einer feinen Gaze (z. B. Fliegengitter) belegt. Es dürfen nicht zu viele Beeren übereinanderliegen; gelegentliches, sehr vorsichtiges Wenden ist anzuraten.

Verwendung

Gedörrte Heidelbeeren sind roh genossen kein kulinarischer Hochgenuss. Sie sind aber ein sehr wirksames Hausmittel gegen Durchfallerkrankungen. Sehr gut eignen sie sich auch zur Herstellung von Kompott oder als färbende Komponente in Teemischungen.

Erdbeeren

Rohware

Nur sehr süße Früchte mit stark ausgeprägtem Aroma sind den hohen Aufwand des Dörrens wert. Zwischen Ernte und Trocknung darf nur sehr wenig Zeit verstreichen, die Früchte müssen möglichst frisch verarbeitet werden. Am besten eignen sich daher selbst geerntete Früchte.

Vorbereitung

Erdbeeren sind sehr wasserreich (90 %) und sollten zum Dörren unbedingt halbiert oder

Erdbeeren zu dörren, erfordert einige Erfahrung, ein scharfes Messer und ein gutes Dörrgerät.

in Scheiben geschnitten werden, damit über die Schnittfläche das Wasser schneller aus der Frucht verdunsten kann.

Dörren

Es muss sehr zügig, aber zu Beginn nicht zu warm gedörrt werden, sonst platzen die Zellen und die Früchte zerrinnen.

Andenbeere (*Physalis peruviana*)

Andenbeeren sind Nachtschattengewächse und kommen ursprünglich, wie der Name schon verrät, aus den Anden. An geschützten Plätzen im Garten oder im Gewächshaus ist ein erfolgreicher Anbau der frostempfindlichen Pflanzen auch bei uns möglich.

Rohware

Erntereif sind die wohlschmeckenden Früchte, wenn der Lampion gelb verfärbt und papierähnlich eingetrocknet ist. Nur reife Früchte haben das volle Aroma entwickelt. Unreif geerntete Früchte reifen kaum nach und schmecken weder süß noch aromatisch.

Gedörrte Physalis erinnern im Geschmack an Rosinen und können auch wie diese verwendet werden.

Vorbereitung

Die Früchte werden aus der Lampionhülle entnommen.

Dörren

Andenbeeren werden im Ganzen bei höheren Temperaturen gedörrt. Das Ergebnis sind wunderbar süße Dörrfrüchte, die an riesige Rosinen erinnern und auch wie Rosinen verwendet werden können. Besonders gut eignen sich gedörrte Physalis als Naschobst, als Verpflegung auf Reisen und beim Wandern und natürlich im Müsli.

WILDOBST

Schwarzer Holunder (*Sambucus nigra*)

Allgemeines

Eine alte Bauernweisheit sagt, dass man als Ausdruck der Ehrfurcht vor jedem Holunderstrauch den Hut ziehen soll. Diesen Brauch sieht man heute nur noch selten, aber der Holunder, in Österreich auch „Holler“ genannt, hat auch heute nichts von seiner Bedeutung verloren, sind die Verwendungsmöglichkeiten und seine Heilwirkung doch sehr vielfältig. Es gibt nicht viele Pflanzen, bei denen Blüten und Früchte (ja, sogar Blätter, Rinde und Wurzeln) in vergleichbarem Umfang genutzt werden. Und Dörren ist natürlich eine Möglichkeit, sich den Nutzen von Blüten und Beeren über lange Zeit zu erhalten.

Rohware Blüten

Die Blüten werden geerntet, wenn alle Einzelblüten auf einer Dolde ganz aufgeblüht sind. Leider sind die aromatischen Dolden auch bei vielen Insekten sehr beliebt. Daher sollten nur jene Dolden geerntet werden, die frei von Blattläusen und anderen Bewohnern sind.

Vorbereitung

Um sicherzugehen, dass nur saubere Blüten gedörrt werden, können die Dolden vor dem Dörren für etwa eine halbe Stunde auf einem weißen Tuch (Tischtuch, Leintuch) im hellen Sonnenlicht zwischengelagert werden. Diese Prozedur ist bei den Insekten nicht sehr beliebt und regt sie zur Flucht aus dem grellen Sonnenschein an.

Dörren

Die sauberen Blüten müssen sofort gedörrt werden, weil die Blüten sonst braun werden (siehe auch S. 129).

Verwendung

Gedörrte Holunderblüten sind ein aromatischer Bestandteil von Kräuterteemischungen und ein altbewährtes Hausmittel gegen Erkältungskrankheiten.

Rohware Beeren

Holunderbeeren müssen vollreif, sauber und frei von Schadinsekten sein. Bei reifen Dolden sind alle Einzelbeeren tief dunkelblau bis schwarz gefärbt, es sind keine hellroten oder grünen Beeren zu erkennen. Es reifen

Reife Früchte des Schwarzen Holunders

nicht alle Dolden gleichzeitig am Strauch, daher sind mehrere Erntedurchgänge empfehlenswert.

Vorbereitung

Die Holunderdolden werden vorsichtig unter fließendem Wasser abgespült und beschädigte sowie unreife Beeren aussortiert. Die Beeren sollten dabei keinesfalls verletzt werden, denn das hätte ein Austreten des stark färbenden Saftes zur Folge. Neben schwer zu entfernende Verunreinigungen des Arbeitsplatzes und der Einrichtung zum Dörren sind Aromaverluste die Folge von beschädigten Früchten.

Dörren

Es werden die ganzen Dolden gedörrt, bis aus den Beeren auch unter Druck kein Saft mehr austritt. Die gedörrten Beeren können nun sehr leicht von den Stielen der Dolde abgetrennt werden. Die Stiele sind nicht weiter brauchbar und werden weggeworfen. Holunderbeeren müssen zügig gedörrt werden, beim natürlichen Trocknen ist mit Schimmelbildung zu rechnen.

Es ist vorteilhaft, ganze Holunderdolden zu dörren. Die gedörrten Beeren lassen sich anschließend mit wenig Aufwand von den Stielen rebeln.

Verwendung

Gedörrte Holunderbeeren verleihen Kräutertees eine kräftige Farbe und einen intensiven Geschmack. Holunderbeerentee schmeckt nicht nur gut, er wird auch als wirkungsvolles Hausmittel bei Erkältungen angewendet.

WICHTIG! Das sollten Sie beachten

Sambunigrin, der leicht giftige Inhaltsstoff des Schwarzen Holunders, der Übelkeit und Erbrechen verursachen kann, wird durch das Dörren nicht zerstört. Erst nach Erhitzen über 80 °C wird Sambunigrin unwirksam. Daher sollten gedörrte Holunderbeeren nicht roh verzehrt werden! Ein Heißwasserauszug mit kochendem Wasser (Tee) zerstört das Sambunigrin.

Hagebutten (*Rosa sp.*)

Rohware

Als Hagebutten werden die Früchte verschiedener Rosenarten bezeichnet. Die Früchte sollten bei der Ernte reif, aber noch hart sein, da in weichen Früchten der Vitamingehalt bereits deutlich zurückgegangen ist.

Vorbereitung

Die Früchte werden längs gespalten und Kerne sowie feine Härchen entnommen. Anschließend werden die Früchte unverzüglich zum Dörren aufgelegt. Es ist auch möglich, ganze Früchte zu dörren, dann dauert der Trocknungsvorgang aber erheblich länger. Kerne und Härchen können auch nach dem Dörren entfernen werden. Das geht dann zwar recht einfach, doch die trockenen Härchen verstärken den unangenehmen Effekt des starken Juckreizes, weil sie umherfliegen (nicht umsonst werden die Haare der Hagebutten auch gerne als Juckpulver verwendet).

Dörren

Die Früchte werden bei 42–50 °C gedörrt.

Felsenbirne (*Amelanchier*)

Rohware

Die Früchte der Felsenbirne sind erbsengroß und färben sich beim Ausreifen von anfangs hellrot bis später blauschwarz. Die Reifezeit ist von Juni bis August.

Vorbereitung

Die Stiele werden abgezupft und die Früchte werden unzerteilt gedörrt. Gedörrte Früchte der Felsenbirne werden auch als „Korinthen" bezeichnet, weil sie so ähnlich aussehen wie die kleinen, dunklen, gedörrten Korinthen (Weintrauben), daher nennt man die Felsenbirne auch „Korinthenstrauch".

Dörren

Die Früchte werden bei 50–60 °C gedörrt.

Eberesche oder Vogelbeere (*Sorbus aucuparia*)

Rohware

Die Früchte der Edel-Eberesche (*Sorbus aucuparia var. edulis, Syn. S. aucuparia var. moravica*) sind sehr gut zum Dörren geeignet. Sie sind nicht so sauer und bitter wie die Wildformen dieser Obstart.

Vorbereitung

Die Früchte werden mit der Dolde geerntet und gedörrt.

Dörren

Die Früchte werden bei 50–60 °C gedörrt. Die gedörrten Früchte sind eine sehr aromatische Bereicherung von Früchteteemischungen und werden von Liebhabern ähnlich wie Rosinen verwendet, auch wenn sie nicht so süß wie diese sind. Obwohl die Eberesche immer noch häufig als giftig angesehen wird, sind ihre Früchte eine große Bereicherung des heimischen Obstbestandes. Ihre Früchte, die auch als Vogelbeeren bekannt sind, können zu Schnäpsen, Likören, Marmeladen und Aufstrichen verarbeitet werden; gedörrt sind sie ein aromatischer Bestandteil von (Früchte-)Teemischungen. Die feuerroten Beeren sind weniger bitter, wenn sie erst nach dem ersten Frost gepflückt werden. Dann ist aber Eile angesagt, denn, wie der Name schon sagt, sind sie auch bei Vögeln überaus beliebt. Wer nicht auf den Frost warten möchte, kann die Ebereschen auch im Spätherbst 24 Stunden lang einfrieren und erst dann weiterverarbeiten.

Vogelbeeren werden, wie viele andere Beeren auch, erst nach dem Dörren von den Dolden gerebelt.

Zieräpfel und Wildäpfel (*Malus floribunda*)

Auch Zieräpfel und Wildäpfel sind essbar und können gedörrt für Teemischungen verwendet werden.

Rohware

Zierapfelbäume sind immer häufiger in Gärten und Parks anzutreffen. Sie verzaubern durch ihre reiche Blüte, und die stark gefärbten Früchte sind attraktive Darsteller im farbenfrohen Herbst. Kaum jemand weiß jedoch, dass Zieräpfel einen hohen kulinarischen Genuss versprechen.

Vorbereitung

Die Äpfel werden unzerkleinert und ohne Stiel gedörrt.

Dörren

Die Früchte werden bei 50–60 °C gedörrt. Die Früchte sind haltbar, sobald sie ganz hart sind und nicht mehr zerdrückt werden können.

Sanddorn (*Hippophae rhamnoides*)

Die Ernte der Sanddornfrüchte ist zwar recht aufwendig, aber die Mühe lohnt sich! Sanddornbeeren sind ein bunter, wertvoller und gesunder Bestandteil von Teemischungen.

Rohware

Im Zustand der Vollreife hat Sanddorn den höchsten Gehalt an wertvollen Inhaltsstoffen. Daher sollte zu diesem Zeitpunkt geerntet werden. Später nehmen besonders der Vitamin-C-Gehalt und die Säure stark ab.

Vorbereitung

Das Abzupfen der Beeren ist nicht zuletzt wegen der vielen Dornen, die der Strauch hat, recht mühsam und zeitaufwendig. Mit folgender Methode kann die Ernte bedeutend erleichtert werden: Nach dem Abschneiden ganzer Zweige werden diese eingefroren und die Beeren im gefrorenen Zustand abgeschüttelt.

Dörren

Die abgeschüttelten Beeren dürfen wegen des hitzeempfindlichen Vitamin C nicht über 42 °C gedörrt werden.

Schlehe, Schlehdorn (*Prunus spinosa*)

Rohware

Früchte: So wie die Beeren der wilden Eberesche werden Schlehen erst geerntet, wenn sie durch Frosteinwirkung geschmacklich milder geworden sind und weniger herb schmecken.

Vorbereitung

Früchte: Der große Stein kann sehr schlecht aus der Frucht gelöst werden, daher werden die Früchte im Ganzen gedörrt. Die Früchte sind wie die viele andere Beeren mit einer wachsartigen Schicht geschützt und sollten vor dem Dörren angebrochen werden, um den Feuchtigkeitsaustritt zu erleichtern. Sie sind wegen des herb-sauren Geschmackes nur für Teemischungen zu empfehlen.

Dörren

Das Dörren der Früchte erfolgt bei 42 °C. In der Volksmedizin wird Schlehdorn gegen vielerlei Leiden eingesetzt. Am häufigsten werden Teezubereitungen als mildes Abführmittel und zur Unterstützung von Magen, Niere und Blase empfohlen.

OBST AUS FERNEN LÄNDERN

Dieses Fachbuch richtet sich in erster Linie an alle, die die Ernteprodukte aus dem eigenen Garten oder aus landwirtschaftlicher Produktion konservieren wollen.

Wie schon eingangs erwähnt, sind nur dann hochwertige Dörrprodukte zu erhalten, wenn vollreif geerntete Rohware, die nicht lange zwischengelagert worden ist, gedörrt wird. Es ist auch fraglich, ob es zu rechtfertigen ist, das Wasser in den frischen Früchten mit hohem Einsatz von Energie über weite Strecken um die halbe Welt zu transportieren und dann mit wieder großem Energieeinsatz durch Dehydrierung aus den Früchten zu entfernen. Es ist viel besser, fertiges, hochwertiges Dörrobst aus möglichst nachhaltiger Produktion zu importieren und in Mitteleuropa zu genießen.

Nur in Ausnahmefällen ist daher ein Dörren importierter „exotischer" Früchte zu rechtfertigen. In manchen Fällen kann es zur Vermeidung oder Verringerung von Lebensmittelverschwendung aber sinnvoll sein, Obst vor dem Komposthaufen zu ret-

Früchte zu dörren, die weite Transportwege hinter sich haben, ist nicht sinnvoll. Aber es ist immer noch besser, Exoten durch Dörren zu konservieren als sie verderben zu lassen!

ten. Und dafür ist das Dörren natürlich ideal. Viele „Exoten" können zu hervorragenden Dörrobstspezialitäten veredelt werden.

Abgesehen davon verschiebt sich die Grenze zwischen Exoten und einheimischen Früchten: Durch die Veränderung des Weltklimas können einige früher exotische Früchte bereits im deutschsprachigen Raum in hoher Qualität kultiviert werden, deren Anbau vor wenigen Jahren noch wenig erfolgversprechend schien.

Als Beispiele seien hier Kiwis, Melonen und Ingwer aus österreichischer Produktion genannt. In diesem Bereich der gartenbaulichen Produktion werden sich in den nächsten Jahren sicher noch einige Innovationen ergeben.

Melonen

Rohware

Zum Dörren eignen sich Honig- und Zuckermelonen. Gedörrte Melonen sind besonders geschmackvoll – natürlich wie bei allen Früchten nur dann, wenn vollreife Früchte verarbeitet werden.

Gedörrte Honig- und Zuckermelonen sind ein köstlich süßer Snack.

Vorbereitung

Die Melonen werden in nicht zu dicke Spalten geschnitten und nach dem vorsichtigen Schälen auf einer Dörrfolie dehydriert. Auf Gittern bleiben die zuckerhältigen Melonenspalten kleben.

Dörren

Sobald die Oberfläche angetrocknet und nicht mehr klebrig ist, kann die Dörrfolie für einen besseren Luftaustausch entfernt und die Fruchtstücke direkt auf das Dörrgitter gelegt werden.

Das Dörrgut ist fertig, wenn es ledrig und biegsam ist und nicht mehr klebt.

Orangen, Zitronen und Limetten

Häufig sind im Handel gedörrte Zitrusfrüchte für Dekorationszwecke (Christbaumschmuck) oder in Duftpotpourris zu finden. Diese sind häufig mit Konservierungs-, Farb- und Duftstoffen behandelt und dürfen daher keinesfalls verzehrt werden. Wer Biofrüchte selbst dörren möchte, kann auf all diese Zusatzstoffe verzichten. Denn wegen ihres überaus fruchtigen Geschmacks können gedörrte Südfrüchte auch den Gaumen erfreuen, anstatt „nur herumzuhängen"!

Selbst gedörrte Orangenscheiben aus unbehandelten Früchten sind attraktive und auch köstliche weihnachtliche Schmuckstücke!

Gedörrte Zitronen, Limetten und Orangen schmecken köstlich und sind eigentlich für Dekorationszwecke viel zu schade.

Rohware

Da grundsätzlich Orangen und Zitronen immer ungeschält gedörrt werden, dürfen nur Früchte aus biologischer Landwirtschaft oder mit Schale, die ausdrücklich zum Verzehr geeignet ist, verwendet werden.

Vorbereitung

Die Früchte werden gründlich gewaschen und mit einem sehr scharfen Messer oder mit der Brotschneidemaschine in 3–5 mm dicke Scheiben geschnitten. Ein sehr scharfer Gemüsehobel eignet sich ebenfalls gut zum Zerteilen in gleichmäßig dicke Scheiben. Die zerteilten Früchte werden so lange in ein Sieb gelegt, bis sie nicht mehr tropfen. Dann können die Fruchtscheiben auf das Dörrgerät gelegt werden.

Dörren

Zur Schonung der ätherischen Öle sollte eine Temperatur von 42 °C während der gesamten Trocknungsdauer nicht überschritten werden. Lediglich Südfrüchte, die nur der Dekoration dienen sollen, können auch wärmer gedörrt werden. Dabei besteht aber die Gefahr, dass die Früchte dunkel werden.

TIPP! Das sollten Sie beachten

Gedörrte Zitrusfrüchte sind auch bei Vorratsschädlingen überaus beliebt und ziehen diese fast magisch an! Daher sollten sie häufig auf Schädlingsbefall kontrolliert werden.

TIPP! Gedörrte Zesten selber machen

Zesten von unbehandelten Zitrusfrüchten können ganz einfach gedörrt und somit haltbar gemacht werden: Zesten dünn abhobeln, dabei die weiße Unterschale nicht mithobeln, auf einer Dörrfolie bei maximal 42 °C ca. 2–3 Stunden dörren und anschließend in einem luftdicht verschlossenen Schraubverschlussglas lagern.

Bananen

Rohware

Die Bananen sollten möglichst reif sein, nur dann haben sie ein wirklich ausgeprägtes Aroma. Die Schale kann bereits braune Stellen aufweisen. Sollten nur unausgereifte

Nur reife, aber nicht überreife Bananen ergeben nach dem Dörren ein eine harmonische Süße und das volle Aroma.

Bananen verfügbar sein, gibt es einen einfachen Trick, die Reife zu beschleunigen: Man legt einige reife Äpfel zu den unreifen Bananen. Äpfel strömen das natürliche Reifegas Äthylen aus und „signalisieren" durch diese Botschaft den Bananen, dass es Zeit ist zu reifen. Dieser Trick bewährt sich auch bei unreifen Kiwis und Paradeisern. In Nachbarschaft zu den Äpfeln entfalten sie unverzüglich ihr volles Aroma!

Vorbereitung

Bananen schälen und der Länge nach halbieren, dann vierteln. Die Bananenstreifen mit der Außenseite auf das Gitter auflegen. Bananen können auch in dünne Scheiben geschnitten werden, diese kleben aber leichter auf dem Trocknungsgitter fest.

Dörren

Bananen sind haltbar, sobald sie nicht mehr kleben und sich leicht vom Trocknungsgitter lösen. Bei 70 °C dauert das Dörren ca. 8 Stunden. Für knusprige Bananenchips muss die Restfeuchte noch weiter reduziert werden. Die Früchte sind dann hart und brechen beim Biegen. Bananenchips müssen luftdicht aufbewahrt werden, wenn sie knusprig bleiben sollen. Andernfalls nehmen sie wieder Feuchtigkeit aus der Luft auf und werden dadurch wieder weich. Je reifer die Früchte beim Dörren sind, umso mehr verfärben sie sich bräunlich. Das ist aber kaum zu verhindern, außerdem entfaltet sich erst dann das volle Aroma.

Kiwi, Mango und Papaya sind auch gedörrt köstlich erfrischend und passen gut in eine „moderne" Studentenfutter-Mischung.

Kiwi, Papaya und Mango

Rohware

Zum Dörren eignen sich nur reife Früchte. Reife (jedoch keinesfalls matschige) Kiwis, Mangos und Papaya sind weich und geben leichtem Druck nach. Harte Früchte sind unreif und ergeben nach dem Dörren geschmacklose Dörrprodukte.

Vorbereitung

Kiwis, Mangos und Papayas werden geschält. Papayas werden halbiert, die Kerne mit einem Löffel ausgekratzt und das Fruchtfleisch nach dem Schälen in 4 mm dicke Streifen geschnitten. Mangos werden in schmalen Spalten oder Würfeln vom Kern geschnitten. Kiwis werden in 4 mm dicke Scheiben geschnitten.

Dörren

Kiwi, Papaya und Mango müssen auf einer Dörrfolie dehydriert werden.

Papaya lässt sich in Streifen geschnitten sehr gut dörren.

FRUCHTLEDER

Die Herstellung von Fruchtleder ist einfach und unkompliziert. Das Obst wird gereinigt, je nach Obstart geschält/gewaschen, entsteint/von Stielen befreit, in Stücke geschnitten und im Mixer fein püriert. Das Fruchtmus wird nach Obstart getrennt oder in kreativen Mischungen auf eine Silikonmatte aufgestrichen und so lange gedörrt, bis eine zähe Platte entsteht, die sich nicht mehr klebrig anfühlt und sich im Ganzen von der Silikonmatte abheben lässt.

Silikonmatte für Fruchtleder: Die Matte ist in der Größe 25 x 25 cm erhältlich und hat einen 4 mm hohen Rand. Damit können je nach Frucht ca. 450 g Fruchtmus zu Obstleder gedörrt werden.

Erdbeer-Fruchtleder mit Marokkominze

TIPP! Benötigtes Equipment

Fruchtleder kann nur in hochwertigen und leistungsstarken Dörrgeräten mit horizontaler Belüftung und auf einer Silikonmatte hergestellt werden.

Rohware

Zur Herstellung von Fruchtleder eignet sich durch das Pürieren auch Obst, das optische Fehler aufweist. Nicht nur Kinder sind vom fruchtig süßen Geschmack begeistert und arbeiten mit großer Begeisterung bei der Herstellung dieser Süßigkeit mit! Durch das Zusammenmischen verschiedener Obstarten oder durch die Zugabe würzender Zutaten kann man großartige, außergewöhnliche und herrlich schmeckende Fruchtleder herstellen. Hier einige Ideen:

- Erdbeere mit Holunderblüten
- Birne mit Zitronenmelisse
- Apfel pur und in allen möglichen Mischungen
- Apfel weihnachtlich mit Zimt und Zucker
- Apfel mit Pfefferminze oder Apfelminze
- Marille und Pfirsich gemischt
- Paradeiser (Tomate) mit Basilikum

Aus Früchten mit wenig Pektin (wie Heidelbeeren, Himbeeren und andere pektinarme Früchte) kann man keine schöne „Ledermatte" erzeugen. In diesem Fall ist eine Mischung aus Beeren und Äpfeln empfehlenswert.

Vorbereitung

Die Masse wird ca. 5 mm dick auf die Dörrmatte aufgestrichen, das geht am besten mit einer Tortenpalette.

Dörren

Die optimale Temperatur zur Herstellung von Fruchtleder ist 60 °C, das dauert ca. 8 Stunden, darunter dauert der Dörrvorgang zu lange, besonders bei einer Verarbeitungstemperatur von unter 42 °C kann das Dörren

Fruchtleder in verschiedenen Geschmacksrichtungen ist bei Kindern sehr beliebt, besonders dann, wenn sie bei der Produktion mithelfen können und ihre eigene Nascherei basteln.

bis zu 20 Stunden dauern. Der Dörrvorgang verläuft merkbar schneller, wenn das Leder nach dem Abtrocknen der Oberseite vorsichtig von der Silikonmatte abgezogen und mit der bereits trockenen Fläche auf ein Dörrgitter ohne Folie gelegt wird. Das ist aber erst möglich, wenn die Fruchtmasse schon so weit dehydriert ist, dass sie zerstörungsfrei abgezogen werden kann.

REZEPTE MIT GEDÖRRTEM OBST

Wie auch bei Gemüse ergeben 100 g Dörrobst nach dem Kochen 1 kg Kochobst. Sehr gut eignet sich Dörrobst für Kompotte oder als Zutat für verschiedene Gebäcke. Dörrobst kann man unters Joghurt mischen oder sein eigenes Studentenfutter zusammenmischen:

HINWEIS! Studentenfutter

Eine Mischung verschiedener Dörrfrüchte und Nüsse ist wegen der darin enthaltenen Mineralstoffe und Vitamine gesund; Nüsse sind bekanntermaßen Brainfood, also „Futter fürs Hirn". Der rasch verfügbare Zucker von Dörrfrüchten sorgt für einen schnellen Energieschub. Deshalb könnte es auch Wanderer- oder Sportlerfutter genannt werden, denn neben der Energie für das (studentische) Hirn ist eine Dörrobst-Nuss-Mischung ein sehr guter Energielieferant bei körperlicher Betätigung.

DÖRROBSTKOMPOTT

500 ml Rotwein
500 ml Birnen- oder Apfelsaft
750 g gemischtes Dörrobst
Saft von 2 Orangen und 1 Zitrone
gehackte Mandeln oder Walnüsse

Rotwein und Birnensaft aufkochen und Dörrobst zugeben. 20 Minuten kochen lassen, dann vom Herd nehmen. Orangen- und Zitronensaft sowie Nüsse zugeben und ca. 12 Stunden quellen lassen. Bei Bedarf süßen und am besten kühl servieren.

DÖRROBST-ENERGIEKUGELN

200 g Dörrfrüchte (nach persönlichen Vorlieben oder gemischt)
100 g geschälte Mandelkerne
120 g Feinkristallzucker
1 EL Rum, Weinbrand oder Likör
etwas Normalkristallzucker

Dörrfrüchte mit Mandelkernen und Feinkristallzucker im Fleischwolf fein zerkleinern. So viel Rum, Weinbrand oder Likör zugeben, bis eine geschmeidige Masse entsteht. Kleine Kugeln formen und in Kristallzucker wälzen.

▸ REZEPTTIPP

Besonders nett sieht dieses Konfekt in Pralinenkapseln aus. Eine köstliche Variante für Schokoladeliebhaber: Fruchtkugeln in geschmolzene Schokolade tauchen und erkalten lassen.

DÖRROBST-TOPFENSTRUDEL

Strudelteig
300 g Mehl
1 Ei
1 Prise Salz
3 EL flüssige Butter
100 ml Wasser

Fülle
ca. 100 g Dörrobst (nach persönlichen Vorlieben oder gemischt)
ca. 2 cl Zwetschkenbrand
150 g Butter
70 g Zucker
1 Ei
250 g Topfen
1 Prise Salz
20 g Grieß
etwas abgeriebene Zitronenschale

Die Zutaten für den Teig zu einem glatten, elastischen Teig kneten, auf einem Teller zugedeckt ca. 45 Minuten rasten lassen. Für die Fülle das Dörrobst weich kochen, abseihen, klein schneiden und mit etwas Zwetschkenbrand vermischen, ziehen lassen. Butter, Zucker und Ei schaumig rühren. Topfen, Salz, Grieß und Zitronenschale untermengen. Den Strudelteig ein bisschen ausrollen, dann vorsichtig mit dem Handrücken ausziehen, mit Fülle bestreichen, zusammenrollen und backen.

APFELRINGE MIT SCHOKOLADE

gedörrte Apfelringe
weiße oder schwarze Kuvertüre

Gedörrte Apfelringe in die über Wasserbad geschmolzene Kuvertüre tauchen und auf einem Kuchengitter abtropfen lassen.

▸ REZEPTTIPP

In durchsichtige Säckchen verpackt, eignet sich diese hausgemachte Köstlichkeit als besonderes Geschenk.

Apfelringe mit Schokolade sind einfach selbst zu machen, köstlich und nicht nur bei Kindern höchst beliebt.

DÖRRÄPFEL MIT ZIMT UND ZUCKER

Äpfel
Zimt, gemahlen
Staubzucker (Puderzucker)

Äpfel entkernen und in gleichmäßig dicke Scheiben (ca. 4 mm) schneiden. Das geht am besten mit einer Brotschneidemaschine oder einer speziellen Apfelschälmaschine (siehe Foto S. 86). Mit diesem Gerät können

Äpfel an einem Arbeitsgang geschält und in Ringe geschnitten werden. Gleichzeitig wird auch das Kerngehäuse ausgestochen. Zimt und Staubzucker zu gleichen Teilen mischen Die noch feuchten Apfelscheiben in der Zimt-Zucker-Mischung wälzen und überschüssigen Zucker anschließend abklopfen. Dann die Äpfel im Dörrgerät auflegen und dörren. Werden die bereits gedörrten Äpfel in der Zuckermischung gewälzt, haftet der Zucker viel schlechter als auf den feuchten Früchten vor dem Dörren. Natürlich können statt Zimt und Zucker auch alle anderen Gewürze verwendet werden. Wie wäre es einmal mit Scharfen Dörräpfeln oder Curry-Geschmack. Vielleicht findet sich so noch ein spezielles Produkt für den eignen Hofladen!

Eine handbetriebene Apfelschälmaschine ist nicht teuer und erleichtert das Schälen und Schneiden auch großer Mengen Äpfel beträchtlich.

▸ **REZEPTTIPP**

Die Schalen sollten nicht weggeworfen werden; sie können ebenfalls gedörrt und als aromatische Zutat für Kräuter- und Früchtetees verwendet werden.

TYPISCHE HISTORISCHE FRÜCHTEBROT- UND KLETZENREZEPTE

Das Backen von Früchte- und Kletzenbroten ist im alpinen Raum Österreichs, Deutschlands und der Schweiz schon seit dem Mittelalter nachweisbar. Einerseits wurde das Mehl, das im Alpenraum immer schon Mangelware war, durch Früchte gestreckt, andererseits konnte dadurch auch ein lange haltbares Genussmittel hergestellt werden. Die gedörrten Früchte im Brotteig tragen dazu bei, dass das Gebäck länger saftig und genussreich bleibt. Darüber hinaus verleiht der Fruchtzucker aus dem Dörrobst dem „Grundnahrungsmittel Brot“ mehr Energie und führt zu einem längeren Sättigungsgefühl. Und natürlich waren Früchte- und Kletzenbrote in einer Zeit, in der Zucker noch sehr selten war, aufgrund ihrer Süße aus den Früchten eine seltene und sehr beliebte Köstlichkeit.

Früchtebrot

Für Früchtebrote ist ihr hoher Gehalt an Dörrobst charakteristisch, weil der Fruchtanteil gegenüber dem Anteil an Mahl- und Schälprodukten überwiegt. Man unterscheidet: Früchtebrote, die aus einer Teighülle und aus einer Fruchtfülle bestehen und solche, die aus einer Mischung aus Früchten mit Brotteig hergestellt werden. Die Fruchtbeigaben sind unter anderem Dörräpfel, Dörrpflaumen, Feigen, Rosinen usw., außerdem werden gerne Hasel- oder Walnusskerne beigefügt.

APFELBROT MIT DÖRROBST

1500 g Äpfel
250 g Dörrzwetschken
250 g Kletzen
250 g Rosinen
250 g gedörrte Marillen
250 g grob gehackte Walnüsse
2 TL ungesüßtes Kakaopulver
2 TL Gewürznelkenpulver
2 TL Zimt
1/16 l Rum
1000 g Weizenmehl oder Dinkelmehl
2 P. Backpulver

Foto © Andrea Jungwirth

Die Äpfel vom Kerngehäuse befreien (am besten mit einem Kerngehäuseausstecher), dann ungeschält grob raspeln. Klein geschnittenes Dörrobst, Nüsse, Kakao, Gewürze und Rum in einer Schüssel gut verrühren und 4 Stunden kalt stellen. Das Mehl mit dem Backpulver vermischen und über die Früchtemischung sieben. Alles zu einem glatten Teig verrühren. Den Teig zu 2–3 Wecken formen und bei 175 °C ca. 80 Minuten backen.

Kletzenbrot

Kletzenbrot hat regional unterschiedliche Bezeichnungen (z. B. Störa, Zelten, Speitelzelten) und enthält als charakteristische Fruchtbeigabe Dörrbirnen (Kletzen/Klötzen, siehe S. 66).

Ursprünglich waren im Kletzenbrot nur die gedörrten Früchte der hofeigenen Ernte enthalten: Birnen, Zwetschken, Äpfel und manchmal auch, sofern sie am Hof wuchsen, gedörrte Marillen (Aprikosen), zusätzlich wurden hofeigene Walnüsse beigefügt.

Bis heute sind drei verschiedene Arten von Kletzenbrot bekannt:

- Das „Bauernkletzenbrot“:
  Die Dörrfrüchte werden bei dieser Art direkt mit dem Brotteig vermischt.

- Das „bessere“ Kletzenbrot“ (Kletzenbrot mit Teighülle)
  Bei dieser Form wird eine eigene Teighülle um die separat zubereitete Fülle gehüllt.

- Das „Bäcker- oder Bürgerkletzenbrot“.
  Enthält neben Dörrzwetschken und Dörrbirnen auch diverse Nüsse und Südfrüchte wie Feigen, Rosinen, Weinbeeren, Datteln, Zitronat und Orangeat.

Kletzenbrot ist eines der ältesten Weihnachtsgebäcke, und bis Anfang des 20. Jahrhunderts war dieses Brauchtumsgebäck in vielen ländlichen Regionen das einzige Geschenk, das unter den damals gerade aufgekommenen Christbaum gelegt wurde.

In vielen Regionen ist der Thomastag, der 21. Dezember, traditioneller Backtag für Kletzenbrot. In anderen Regionen geschieht das bereits am Andreastag, dem 30. November. Das Kletzenbrot ist ein typisches Brauchtumsgebäck, das für allerlei Orakel und Botschaften herhalten muss. Das Anschneiden erfolgte – abhängig von der Region – am Heiligen Abend (24. Dezember) oder am Stephani- oder Stephanstag (26. Dezember). Der Stephanitag ist ein traditioneller Familien-Besuchstag, und das Kletzenbrot war für diesen Zweck ein typisches Gastgeschenk.

Das Kletzenbrot aus Sicht der Lebensmittelbehörde

Für Kletzenbrot, das als solches im Handel verkauft wird, gibt es bestimmte Vorgaben im Österreichischen Lebensmittelbuch. So muss bei einem Kletzenbrot der Fruchtanteil gegenüber dem Anteil an Mahl- und Schälprodukten überwiegen. Das folgende Rezept entspricht den Vorgaben des Österreichischen Lebensmittelbuches und ist ein traditionelles Kletzenbrotrezept ohne Südfrüchte, ausschließlich mit Zutaten aus heimischem Anbau (Auszug aus dem Österreichischen Lebensmittelbuch, Kapitel 18, Backerzeugnisse, Backerzeugnisse mit Dörrobst).

KLETZENBROT MIT ANSTELLGUT (SAUERTEIG)

Brotteig

600 g Roggenmehl
400 g Dinkelmehl
780 ml Wasser
(Kochwasser vom Dörrobst!)
25 g Anstellgut (Sauerteig)
ca. 20 g Salz
20 g Hefe (1/2 Würfel)
1 EL Zimt

Dörrobst

600 g Kletzen
300 g Dörrzwetschken
250 g gedörrte Apfelspalten oder -stücke
100 g gemischte Nüsse (Walnüsse und Haselnüsse nach Geschmack und Vorliebe)

Kletzen einige Stunden in 1,5 l Wasser einweichen und anschließend weich kochen. Dörrzwetschken in 1 l Wasser einweichen und von den Kletzen getrennt weich kochen, denn sie brauchen weniger lang. Nach dem Kochen die Früchte abseihen, das Kochwasser auffangen, auskühlen lassen und für den Brotteig verwenden. Die Dörrfrüchte klein schneiden oder mit dem Wiegemesser fein wiegen, die Nüsse klein hacken. Die Apfelspalten klein schneiden aber nicht kochen, sie werden sonst zu weich.

Für den Brotteig alle Zutaten zu einem weichen Teig verkneten und über Nacht im Kühlschrank gehen lassen. Danach die vorbereiteten Dörrfrüchte und Nüsse in den Brotteig einkneten, Laibe formen, 1 Stunde gehen lassen und in den auf 180 °C vorgeheizten Ofen geben, ca. 50 Minuten backen. Dann, wenn das Kletzenbrot ausreichend gebräunt ist, Temperatur auf 160 °C reduzieren und ca. 15–20 Minuten fertig backen. Das Brot ist fertig, wenn es beim Klopfen auf die Unterseite hohl klingt.

HINWEIS! Backen im Brotbackofen

Traditionell wurde das Kletzenbrot nach dem Brotbacken in den Ofen eingeschossen und in der milden Restwärme gebacken.

Foto © Andrea Jungwirth

Kletzenbrote gibt es in verschiedensten Variationen, z. B. kann Kletzenbrot statt als Laib auch als Wecken geformt werden. In Tirol oder Salzburg gibt es „gefülltes“ Kletzenbrot: Dabei werden der Teig und die „Fülle“ aus Dörrfrüchten getrennt zubereitet. Ein Teil des Teiges wird mit der Dörrfrüchtemasse vermischt, mit dem restlichen Teig wird die Dörrfrüchte-Teig-Masse ummantelt.

KLETZENPFEFFER (AUCH „KLETZENBRIAH“ ODER KLETZENSUPPE)

300 g Kletzen
30 g Butter
30 g Weizenmehl
1 Prise Zimt
1 Prise Gewürznelken, gemahlen
Zucker
Schnaps

Die Kletzen einige Stunden einweichen (so viel Wasser, dass sie bedeckt sind) und anschließend in wenig Wasser (knapp bedeckt) weich kochen (falls noch vorhanden, Einweichwasser, sonst zusätzlich frisches Wasser hinzufügen). Nach dem Kochen abseihen, das Kochwasser auffangen, die Kletzen faschieren oder fein hacken. Die Butter zerlassen und das Mehl darin anschwitzen. Mit dem Kletzenkochwasser aufgießen und die faschierten Kletzen einrühren. Zimt, Zucker, Gewürznelkenpulver, Zitronenmelisse und etwas Schnaps dazugeben.

▸ REZEPTTIPP

Werden statt der Kletzen Dörrzwetschken verwendet, erhält man „Zwetschkenpfeffer“. Dieses süße, aromatische Mus erinnert an Powidl und ist eine köstliche Zugabe zu Germgebäck.

KLETZENNUDELN

Teig

300 g griffiges Weizenmehl
1 Ei
1 TL Salz
200 ml lauwarmes Wasser

Fülle

250 g Kletzen
250 g Bröseltopfen
20 g Honig
je 1 Prise Salz, Zimt und gemahlene Gewürznelken
100 g zerlassene Butter

Für die Fülle Kletzen über Nacht in kaltem Wasser einweichen. Am nächsten Tag Stiele entfernen und im Einweichwasser weich kochen, abseihen, Kochwasser auffangen (für Teig). Die Kletzen faschieren (mit der mittleren Scheibe des Fleischwolfs). Kletzenpüree mit Topfen, Honig und Gewürzen verrühren.

Für den Teig Mehl, Ei, Salz und Wasser glatt verkneten (besonders köstlich wird der Teig, wenn man das lauwarme, gut durchgeseihte Kochwasser vom Kletzenkochen verwendet). Teig eine Stunde lang kühl rasten lassen.

Teig auf einer bemehlten Arbeitsfläche 2–3 mm dick ausrollen und mit einem Krapfenausstecher Scheiben ausstechen. Fülle in die Mitte geben, Teigscheibe zu einem Halbkreis zusammenschlagen und gut zusammendrücken.

Die Teigtaschen in siedendem Salzwasser kurz aufkochen lassen und anschließend 12 Minuten ziehen lassen Immer wieder umrühren, damit die Kletzennudeln nicht zusammenkleben. Wenn die Teigtaschen an der Wasseroberfläche schwimmen, mit einem Knödelschöpfer aus dem Wasser heben und mit Zimt, Zucker und zerlassener Butter servieren.

Foto © Mona Lorenz

Profis können die Nudeln nach original Kärntner Brauch „krendeln“. Aber das ist eine Kunst, die man beherrschen muss ... Es genügt auch, die Teigränder sorgfältig mit einer Gabel oder mit den Fingern zusammenzudrücken.

GEMÜSE

GEMÜSE ERNTEN

Anforderungen an die Rohware

Auch bei Gemüse gilt der Grundsatz, dass nur aus frischen, gesunden und reifen Ausgangsprodukten hochwertiges Dörrgemüse hergestellt werden kann. Aus krankem, überreifem, verderbendem und holzigem Gemüse kann kein qualitätsvolles Dörrprodukt entstehen. Das Gemüse sollte nach der Ernte unverzüglich gedörrt werden. Jede Lagerung, besonders wenn nicht gekühlt wird, verursacht Farbveränderungen, und die beginnende Tätigkeit der Enzyme, Bakterien und Hefen führt zu negativen Veränderungen der Inhaltsstoffe. Besonders der Vitamingehalt wird durch die Lagerung negativ beeinflusst. Daher sollte unmittelbar nach der Ernte mit der Vorbereitung zum Dörren begonnen werden. Meist wird man die Ernte aus dem eigenen Anbau dafür verwenden. Dabei ist es sicher leichter möglich, die Zeit zwischen Ernte und Verarbeitung so kurz wie möglich zu halten. Werden Gemüsearten nicht geschält – das trifft besonders auf Wurzelgemüse zu –, ist eine gründliche und sorgfältige Reinigung unerlässlich.

Besonders Wurzelgemüse muss vor dem Dörren gründlich gereinigt werden.

Schon bei der Ernte kann sehr wesentlich auf die spätere Reinigung Einfluss genommen werden. Wenn bei trockenem oder mäßig feuchtem Boden geerntet wird, ist das Wurzelgemüse viel weniger mit anhaftender Erde verschmutzt, als wenn bei nassem Boden während oder nach Regenwetter geerntet wird.

FRUCHTGEMÜSE

Zucchini

Zucchini gehören zu den sehr einfach zu kultivierenden Gemüsearten und liefern hohe Erträge. Ungekühlt sind sie nicht lange lagerfähig. Im Kühlschrank dagegen sind sie recht lange haltbar, aber es leidet der Geschmack – die Zucchini werden bitter. Daher überschreitet die Haupternte im Sommer oft den

Bedarf, und man weiß nicht mehr, wohin mit den vielen Früchten. Folglich ist es sinnvoll, Zucchini durch Dörren zu konservieren und so ein hervorragendes Produkt zum Knabbern oder zum Kochen herzustellen.

Rohware

Die Früchte werden geerntet, wenn sie etwa die Stärke von Salatgurken haben (ca. 5 cm Durchmesser). Größere Früchte haben oft einen sehr hohen Anteil an groben Kernen und ein weit weniger feines Aroma. Ein weiterer Nachteil bei älteren Früchten ist die harte Schale. Diese muss dann vor dem Dörren entfernt werden. Außerdem fördert ein rechtzeitiges Ernten den Ansatz neuer Früchte.

Vorbereitung

Junge Zucchini mit weicher Schale müssen nicht geschält werden. Die Früchte werden in maximal 5 mm dicke Scheiben geschnitten. Das geht mit der Brotschneidemaschine oder mit einem Gemüsehobel sehr gut. Eine andere Variante ist der Einsatz eines Sparschälers. Mit ihm kann die ganze Frucht längs in feine Streifen gehobelt werden.

Dörren

Der Dörrvorgang erfolgt bei 70 °C und dauert etwa 8 Stunden.

Mit einem Sparschäler können Zucchini und Kürbisse in sehr feine Streifen gehobelt werden.

TIPP! Feine Knabberei

Besonders köstlich und als Knabberei beliebt sind Zucchini, die vor dem Dörren leicht mit Kräutersalz bestreut wurden

Kürbis

Viele Speisekürbisse sind zum Dörren geeignet und ergeben sehr wohlschmeckende Dörrprodukte. Diese kann man als fettfreie Kürbischips genießen, aber auch für die Zubereitung von Suppen und Eintopfgerichten verwenden.

Rohware

Die Früchte müssen vor dem Dörren geschält werden (außer sie haben eine sehr weiche Schale wie z. B. junge Patissons). Damit das Schälen nicht zur unerfreulichen Plage wird, sollten nur Kürbissorten mit einer weichen Schale ausgewählt werden. Besonders gut zum Dörren eignen sich folgende Sorten:

- Hokkaido
- Langer von Neapel
- Green Hokkaido
- Red Turban
- Ungarischer Blauer
- Patisson Custard White

Vorbereitung

Je nach späterem Verwendungszweck werden die geschälten Kürbisse in Stücke geschnitten: Würfel oder Stäbchen für Suppen und Gemüsegerichte; dünne Scheiben (2–4 mm) für Chips. Die Kerne und loses Fruchtfleisch werden entfernt.

Dörren

Das Dörren erfolgt bei 70 °C und dauert etwa 8 Stunden.

Kürbis gedörrt: für Gemüsegerichte oder als interessante Chips. Am besten sind Hokkaido und Butternuss zum Dörren geeignet.

Gedörrte Paraadeiser sind nicht nur in der italienischen Küche eine beliebte Spezialität.

WICHTIG! Schälen

Nur Kürbisse mit weicher Schale zum Dörren verwenden und vor dem Verarbeiten schälen.

Paprika und Pfefferoni

Rohware

Es gibt unzählige verschiedene Paprika- und Pfefferonisorten mit sehr unterschiedlichen Schärfegraden. Deshalb wird Paprika gleichermaßen dem Gemüse und den Gewürzen zugeordnet.

Vorbereitung

Gemüsepaprika werden halbiert, Kerne und Stiele werden entfernt. Das Fruchtfleisch wird anschließend in Streifen geschnitten und zum Dörren aufgelegt. Kleine Pfefferoni können auch im Ganzen gedörrt werden.

Dörren

Gedörrt wird bei 60 °C so lange, bis die Früchte noch biegsam sind, beim Zerreißen jedoch keine Flüssigkeit mehr austritt. Paprika, die zum traditionellen Würzpulver vermahlen werden sollen, dürfen kaum mehr Restfeuchte enthalten. Das tiefrote Pulver aus gedörrten und gemahlenen Paprikafrüchten ist nicht nur in der ungarischen Küche ein unverzichtbares Gewürz.

Paradeiser (Tomaten)

Rohware

Bis vor wenigen Jahren waren nur wenige Paradeisersorten bekannt. Doch seit einiger Zeit ist eine wahre Flut an verschiedenen Sorten im Handel und auf den Märkten anzutreffen. Schier unendlich erscheint die Fülle an Farben, Formen und Geschmacksunterschieden. Da lohnt es sich, auch beim Dörren verschiedene Sorten zu testen und den persönlichen Favoriten zu finden. Gut geeignet sind kleine süße Früchte mit starkem Geschmack. Je kleiner und je birnenförmiger die Früchte, sind umso mehr wird man vom Ergebnis nach dem Dörren begeistert sein.

Vorbereitung

Fleischparadeiser sind nur zum Dörren geeignet, wenn sie ein festes Fruchtfleisch haben und sich in 4 mm dicke Scheiben schneiden lassen. Das geht am besten mit einem sehr scharfen Küchenmesser oder mit einer

Fleischparadeiser in vielen Farben und Formen. Die in Scheiben geschnittenen Früchte müssen unbedingt auf einem Silikonnetz gedörrt werden. Auf einem Gitter kleben sie fest und werden beim Abnehmen zerstört.

Brotschneidemaschine oder Aufschnittmaschine mit glattem Schneidblatt.

Wegen des höheren Wassergehaltes solcher Sorten dauert das Dörren lang und das Ergebnis ist nur bei besonders geschmackvollen und nicht wässrigen Früchten gut.

Cocktailparadeiser werden ungeschält halbiert oder geviertelt und mit der Schalenseite auf das Gitter gelegt. Größere Paradeiser werden in Achtel zerteilt oder mit einem sehr scharfen Messer, einem Hobel oder einer Brotschneidemaschine in 5 mm dicke Scheiben geschnitten. Bei Paradeiserscheiben ist dringend die Verwendung eines Silikonnetzes auf dem Dörrgitter anzuraten, da sie sonst auf dem Dörrgitter kleben bleiben. Das Silikonnetz ist im Unterschied zu einer Dörrfolie luftdurchlässig und gitterartig, die Dörrfolie dagegen ist mit Dauerbackfolie zu vergleichen. Das gilt grundsätzlich für alle Früchte und Gemüsesorten, die sehr feuchte Schnittflächen aufweisen.

TIPP! Einsalzen beschleunigt Dörrvorgang

Für alle Paradeisersorten ist ein leichtes Einsalzen vor dem Dörren zu empfehlen. Dazu werden die Schnittflächen mit ca. 5 Gew.-% Salz gleichmäßig bestreut und anschließend heiß gedörrt. Das Salz hat einerseits eine leicht konservierende Wirkung auf der Schnittfläche und beschleunigt die Feuchtigkeitsabgabe aus dem Fruchtfleisch. Die Dörrzeit beträgt bei gesalzenen Paradeisern ca. 6–8 Stunden, bei ungesalzenen 8–12 Stunden. Für das Salzen kann auch Kräutersalz verwendet werden.

Dörren

Da frische Früchte viel Wasser enthalten, muss beim Dörren auf ausreichende Luftzirkulation geachtet werden. Wenn im Haushalts- oder Brotbackofen gedörrt wird, muss unbedingt die Ofentür offen gehalten werden. Andernfalls werden Paradeiser eher im eigenen Saft gedünstet als gedörrt. Die Stücke werden in diesem Fall matschig. Dann ist keine erfolgreiche Trocknung mehr möglich. Paradeiser sind haltbar, sobald die Früchte ledrig zäh sind und beim Biegen keine Feuchtigkeit mehr austritt. Sie können aber auch länger gedörrt werden, bis sie hart und brüchig sind. Dann kann daraus ein sehr aromatisches Würzpulver gemahlen werden. Dieses Pulver zieht Luftfeuchtigkeit stark an und muss besonders luftdicht aufbewahrt werden.

HINWEIS! Natürliche Trocknung

Paradeiser können in unseren Breitengraden, im Gegensatz zu anderen Regionen der Welt, nicht an der Sonne getrocknet werden!

Paradeiser werden vor dem Dörren am besten mit Salz (ca. 5 Gew.-% = 50 g pro 1000 g Paradeiser) bestreut. Das verkürzt die Dörrzeit wesentlich. Für Variationen im Geschmack kann auch Kräutersalz verwendet werden.

Das sollten Sie beachten: Der Trocknungsprozess sollte keinesfalls zu früh abgebrochen werden. Wenn im Bereich der Kerne zu viel Restfeuchte verbleibt, steigt die Gefahr der Schimmelbildung. Das ist aber häufig nicht zu erkennen, und durch den intensiven Eigengeschmack der Dörrparadeiser besteht die Gefahr, unbemerkt Schimmelpilze zu verzehren.

WICHTIG! Lagerung

Gedörrte Paradeiser sind bei Motten sehr beliebt, besonders wenn sie zu viel Restfeuchte haben oder wieder Luftfeuchtigkeit angenommen haben! Wenn Paradeiser vor dem Dörren mit Salz bestreut wurden, ist die Gefahr des unbeabsichtigten Rehydrierens besonders hoch, da Salz zusätzlich hygroskopisch wirkt! Daher müssen salzbehandelte Dörrparadeiser sehr sorgfältig in luftdichten Gefäßen und geeigneten Verpackungsmaterialien in trockenen Räumen gelagert werden.

Paradeiserspalten und -hälften – frisch gedörrt

Trotz ihres hohen Wassergehalts können Salatgurken gut gedörrt werden und sind dann ein außergewöhnlicher Knabbergenuss.

Gurken

Rohware

Zum Dörren eignen sich besonders Salat- oder Einlegegurken, Feldgurken hingegen sind nicht so aromatisch.

Vorbereitung

Trotz des hohen Wassergehaltes von annähernd 96 % können Salatgurken gut gedörrt werden. Sie werden dazu gründlich gewaschen und ungeschält in 4 mm dicke Scheiben geschnitten.

Dörren

Damit die Scheiben nicht festkleben, wird am besten auf einer Dörrfolie oder Silikonmatte gedörrt. Gedörrt wird bei einer Temperatur von 60 °C ca. 8 Stunden (insgesamte Dörrzeit). Wichtig ist dabei, dass die Gurkenscheiben, sobald sich die Oberfläche trocken anfühlt, gewendet werden (das ist ca. nach 2 Stunden der Fall). Die Gurkenscheiben dürfen beim Dörren nicht übereinanderliegen.

TIPP! Gurken würzen

Die noch feuchten Gurken vor dem Dörren mit Salz und Kräutern „veredeln". So sind den geschmacklichen Variationen beim Gurkenknabbern kaum Grenzen gesetzt.

ZWIEBELGEMÜSE

Zwiebelgemüse eignen sich sehr gut zum Dörren. Die verwendeten Dörrgitter müssen aber sofort gründlich gereinigt werden, da sich sonst der typische Geruch der Lauchgewächse kaum noch entfernen lässt.

Zwiebel

Rohware

Alle Zwiebelsorten, ob Gemüsezwiebel, weiße oder rote, Schalotten etc. können gleich gut gedörrt werden.

Vorbereitung

Die äußeren, trockenen und braun gefärbten Schalenteile sind vor dem Schneiden sorgfältig zu entfernen. Anschließend werden die Zwiebeln in 5 mm dicke Scheiben geschnitten und sofort locker und in geringer Schichthöhe auf das Trocknungssieb (S. 105) aufgelegt. Je schneller nach dem Schneiden der Trocknungsvorgang gestartet wird, umso geringer ist die Gefahr von Verfärbungen.

Dörren

Zwiebeln sind gegen hohe Trocknungstemperaturen empfindlich und reagieren darauf mit Verfärbungen. Daher sollte eine Trocknungstemperatur von 60 °C nicht überschritten werden. Wichtig ist das rechtzeitige Wenden und Auflockern der Zwiebel in der ersten Phase der Trocknung (nach ca. 2 Stunden), andernfalls verkleben die Zwiebelstücke sehr stark und der Erfolg der Trocknung und die Qualität der Dörrzwiebel werden stark eingeschränkt. Insgesamt beträgt die Dörrzeit ca. 6–8 Stunden.

Verwendung

Dörrzwiebeln sind wie frische Zwiebeln anwendbar. Besonders gut eignen sie sich als Gewürz, für Suppenmischungen und als Basis für Zwiebelsuppe.

Lauch (Porree)

Vorbereitung

Nach dem Vorputzen und dem Entfernen der Laub- und Wurzelspitzen wird der Porree gewaschen und der zwischen den Blättern vorhandene Schmutz wird gründlich entfernt. Die Lauchstange wird in 5 mm dicke Scheiben geschnitten und dünn zum Dörren aufgeschichtet.

Lauch enthält viel Wasser, ist aber dennoch sehr einfach zu dörren.

Dörren

Lauch wird bei 65–70 °C gedörrt. Mehrmaliges Wenden beschleunigt den Trocknungsprozess. Da der intensive Geruch beim Dörren stark übertragen wird, sollten gemeinsam mit Lauch und Zwiebeln keine anderen Früchte gedörrt werden. Grüner Lauch verliert nach dem Dörren sehr schnell die intensive Farbe. Er muss unbedingt dunkel gelagert werden.

Knoblauch

Rohware

Die Ernte erfolgt ab Mitte Juli, wenn das obere Drittel des Krautes abgestorben ist. Der Ertrag ist ca. 1 kg frische Knoblauchknollen pro m^2.

Vorbereitung

Nach der Ernte werden die Knoblauchzehen von der Knolle gelöst, sorgfältig geschält und in dünne Scheiben oder Würfel geschnitten.

Suppengemüse in bunter Mischung

Dörren

Das Dörren erfolgt in dünnen Schichten bei 42 °C und mehrmaligem Wenden. Dabei dürfen keine anderen Produkte gleichzeitig im Dörrgerät sein, diese würden sehr rasch das intensive Knoblaucharoma annehmen. Die Dörrgitter und Horden müssen sofort nach dem Dörren gründlich gereinigt werden, da sie sonst das Aroma annehmen.

WURZELN UND KNOLLEN

Rote Rüben (Rote Bete)

Es mag überraschen, aber Rote Rüben eignen sich besonders gut zum Dörren. Sie werden dadurch unter anderem zu köstlichem Knabbergemüse.

Rohware

Zum Dörren eigenen sich alle Sorten, besonders attraktiv sind die „Ringelrüben“ (Chioggia-Rüben).

Vorbereitung

Werden die Roten Rüben nicht geschält, müssen sie gründlich gewaschen werden. Saubere Rüben müssen nicht geschält werden und sollten mit einem möglichst scharfen Messer in sehr dünne Scheiben geschnitten werden. Gut zum Schneiden eignet sich auch eine Brotschneidemaschine oder ein schar-

Rote Rüben (Rote Bete), frisch und gedörrt

Mit einem hochwertigen Gemüsehobel (Mandoline) mit scharfen Messern kann Gemüse gut zum Dörren vorbereitet werden. Gleichmäßig dicke Scheiben sind Voraussetzung für einen gleichmäßigen Dörrvorgang.

fer Gemüsehobel. Die Scheiben werden dann in nur einer Lage auf das Trocknungssieb aufgelegt und bald gewendet, weil sie sonst leicht festkleben.

Dörren

Das Dörren erfolgt bei 60–70 °C.

Verwendung

Gedörrte Rote Rüben sind eine farbenfrohe und köstliche Knabberei. Aus gedörrten Rüben kann auch ein Pulver hergestellt werden, das zum Färben und Verzieren von Lebensmitteln oder als Gewürz verwendet werden kann.

Karotten (Möhren)

Da frische Karotten das ganze Jahr über in sehr guter Qualität aus inländischem Anbau erhältlich sind, erscheint das Dörren nur bei großen Erntemengen aus dem eigenen Garten sinnvoll, denn dann ist das Dörren eine sehr erfolgreiche und einfache Art der Konservierung.

Rohware

Es gibt orange und gelbe Karotten, letztere werden in Österreich auch oft als „Gelbe Rüben" bezeichnet. In Deutschland, wo früher gelbe Karotten vorherrschend waren, hießen sie ebenfalls „Gelbe Rüben"; mancherorts ist diese Bezeichnung regional erhalten geblieben, obwohl heute meist die orangen Karotten damit gemeint sind. Die „Urkarotten" sind violett, heute werden diese und auch Karotten mit anderen Farben gerne angebaut. Werden diesen bunten Karotten gedörrt, ergibt das eine hübsch aussehende bunte Mischung.

Vorbereitung

Karotten sauber waschen und dörren lassen. Sie müssen zum Dörren nicht geschält werden. Wichtig ist aber, sie sorgfältig in maximal 5 mm dicke Scheiben oder kleine Würfel zu schneiden. Das geht mit einem

Saubere Karotten können auch ungeschält verarbeitet werden.

Karotten, Pastinaken, Porree und gelbe Rüben (v. l. n. r.)

handelsüblichen Gemüsehobel (V-Hobel) sehr einfach und schnell.

Dörren

Karotten werden zu Beginn ca. 2 Stunden bei ca. 80 °C gedörrt, danach ca. 6 Stunden weiterdörren bei maximal 60 °C (sonst kommt es zu Verfärbungen und zur sogenannten „Verhornung“; das heißt, es bildet sich eine harte Außenschicht, die kaum noch Feuchtigkeit nach außen dringen lässt und so die Trocknung stark verzögert. Darunter leidet auch die spätere Quellfähigkeit der gedörrten Karotten).

Verwendung

Gedörrte Karotten können für Suppen, Eintöpfe und in Dörrgemüsemischungen verwendet werden. Besonders schmackhaft sind Dörrkarotten als Knabbergemüse.

Pastinaken

Obwohl der Anbau von Pastinaken in Mitteleuropa bereits seit 4000 Jahren nachgewiesen werden kann, ist diese wertvolle Wurzel fast ganz in Vergessenheit geraten. Erst seit rund einem Jahrzehnt erleben Pastinaken eine Renaissance und werden wieder vermehrt angebaut und zum Kauf angeboten.

Rohware

Trotzdem sind Pastinakenwurzeln eher selten auf Märkten zu finden. Daher sollte man seinen Bedarf durch eigenen Anbau decken oder, wenn sie auf dem Markt zu finden sind, gleich größere Mengen einkaufen und durch Dörren konservieren.

Vorbereitung

Die Pastinakenwurzel wird nach der Ernte sorgfältig gereinigt und in 4 mm dicke Scheiben geschnitten. Schälen ist nicht notwendig.

Dörren

Das Dörren erfolgt wie bei den Karotten in der linken Spalte beschrieben.

Verwendung

Wie Karotten, siehe linke Spalte.

Knollensellerie

Rohware

Wer Knollensellerie zum Dörren anbaut, sollte nicht nur die Knolle, sondern auch das sehr würzige Kraut verwerten (siehe rechte Spalte).

Neben Knollensellerie gibt es auch Stangensellerie, der keine Knollen ausbildet und von dem das Grün (roh oder zum Kochen) verwendet wird. Wird Stangensellerie gedörrt, werden die Stangen in 4 mm dicke Scheiben geschnitten.

Vorbereitung

Die Knollen werden vor der Weiterverarbeitung sorgfältig geschält und zum Dörren in Streifen oder Würfel geschnitten. Damit sich Sellerie nach dem Schneiden nicht verfärbt, sollten die Selleriestücke unmittelbar nach dem Schneiden gedörrt werden.

Dörren

Wie bei allen Wurzel- und Knollengemüsesorten darf auch Sellerie nicht zu heiß gedörrt werden, um eine Verhornung zu verhindern (siehe Karotten, S. 100).

Verwendung

Als würzender Bestandteil von Suppenmischungen und Kräutersalzen. ACHTUNG! Sellerie kann möglicherweise Allergien und Nahrungsmittelunverträglichkeiten auslösen. In Produkten, in denen Sellerie enthalten ist und die verkauft werden, muss in der Zutatenliste auf Sellerie als Allergen eindeutig hingewiesen werden!

BLATTGEMÜSE

Kohlsprossen (Rosenkohl, Sprossenkohl)

Rohware

Zum Dörren eignen sich nur feste Röschen (Sprossen).

Vorbereitung

Gelbe und lose Blätter werden entfernt, große Röschen werden halbiert, kleine Röschen werden an der Unterseite eingeschnitten.

Dörren

Die Temperatur sollte bei max. 65 °C liegen, damit die Außenblätter nicht zu schnell austrocknen und dadurch das gleichmäßige Durchtrocknen der gesamten Rose verhindern.

Verwendung

In Suppengemüsemischungen und für Eintopfgerichte.

Selleriekraut

Rohware

Auch das Laub von Sellerie eignet sich sehr gut zum Dörren und sollte daher bei der Knollenernte nicht verworfen werden.

Vorbereitung und Dörren

Tief liegende Außenblätter bzw. stark verunreinigtes oder vergilbtes Laub wird ebenso wie harte Blattstiele entfernt. Die verbleibenden Blätter werden grob zerkleinert

Dörren

Bei maximal 42 °C ca. 6–8 Stunden dörren.

Verwendung

Das Selleriekraut wird erst unmittelbar vor der Verwendung fein zerrieben; dabei werden gröbere Bestandteile ausgesondert. Es eignet sich für Suppen, Kräutersalze und Würzmischungen.

BLÜTENGEMÜSE

Karfiol (Blumenkohl) und Brokkoli

Karfiol zählt wie Brokkoli zum Blütengemüse. Bei beiden wird der noch nicht voll entwickelte Blütenstand gegessen. Karfiol und Brokkoli sind in frischem Zustand nur sehr kurz lagerfähig. Durch die Trocknung können für den Winter sehr gut Vorräte angelegt werden.

Vorbereitung

Bei Karfiol und Brokkoli werden nur die kleinen Blumen zum Dörren verwendet, Strünke und Blätter werden entfernt.

Dörren

Wenn das Dörren rasch, aber bei mäßiger Hitze (max. 50 °C über einen Zeitraum von ca. 5–7 Stunden) erfolgt, können Verfärbungen weitgehend verhindert werden.

Verwendung

Gedörrter Karfiol eignet sich besonders gut zur Herstellung von Gemüsesuppen und Eintöpfen.

QUALITÄTSKRITERIEN FÜR DÖRRGEMÜSE

Geruch und Geschmack nach dem Dörren

Geruch und Geschmack sollen typisch für das Produkt und angenehm sein. Unangenehmer, schimmeliger bis muffiger Geruch deutet auf Fehler beim Dörren oder bei der Lagerung hin: Solche Produkte sollten sofort aussortiert und verworfen werden. Andernfalls besteht die Gefahr, dass gesunde Produkte von fehlerhafter Ware angesteckt werden.

Farbe nach dem Dörren

Die Farbe sollte intensiv und typisch für die jeweilige Gemüsesorte sein. Im Vergleich zur Rohware müssen jedoch auch bei optimaler Trocknung Farbveränderungen akzeptiert werden.

Brokkoli wird in kleine Röschen zerteilt und bei 50 °C Temperatur gedörrt.

Wassergehalt nach dem Dörren

Der Wassergehalt darf 12 % für eine längere Lagerung nicht überschreiten.

Rehydrierung nach dem Dörren

Quellungsvermögen heißt die (erwünschte) Fähigkeit, nach der Dehydrierung wieder Wasser aufnehmen zu können. Das ist für eine Weiterverarbeitung (z. B. bei der Verwendung zum Kochen) unbedingt notwendig. Dörrgemüse soll beim Kochen wieder eine ähnliche Konsistenz wie Frischgemüse erreichen. Das ist nur möglich, wenn der Trocknungsvorgang bei 8–12 % Restfeuchte abgebrochen wird. Wird unter 8 % Restfeuchte gedörrt, kommt es zu irreversiblen (nicht wieder umkehrbaren) Veränderungen der Zellstruktur. Das Gemüse bleibt dann auch nach dem Kochen im Vergleich zur Frischware hart und ist weniger wohlschmeckend.

Das Quellvermögen wird positiv beeinflusst, wenn die Rohware vor dem Dörren nur wenige Minuten blanchiert wird. Dadurch bleiben wertgebende Inhaltsstoffe weitgehend erhalten, insbesondere Vitamine.

MIT GEDÖRRTEM GEMÜSE KOCHEN

Grundlegendes

Wenn mit Dörrprodukten gekocht wird, ist die richtige Vor- und Zubereitung ein entscheidender Faktor für das Gelingen und den Geschmack eines Gerichtes. Obst und Gemüse, das nicht zu stark gedörrt wurde, ist leichter zu rekonstituieren. Das heißt, es nimmt leichter wieder Wasser beim Kochen auf und ist dann ähnlich wie ein frisches Produkt zu behandeln.

Erforderliche Menge Dörrgemüse

Pro Person kann mit folgender Menge an Dörrgemüse für eine Mahlzeit gerechnet werden:

- für Gemüsegerichte und Eintöpfe: 25–30 g
- für Gemüsesuppen: 15–20 g
- als Suppeneinlage: 5–10 g

Erforderliche Wassermenge zum Kochen von Dörrgemüse

100 g Dörrgemüse werden in 2 l Wasser oder Suppe (Brühe) gekocht.

Einweichzeit

Dörrgemüse muss vor dem Kochen nicht eingeweicht werden. Es hat sich bewährt, es in kaltem Wasser auf den Herd zu stellen langsam zum Kochen bringen (das dauert ca. 10–15 Minuten).

Eine gedörrte Suppengemüsemischung eignet sich neben traditionellen Suppen auch für Eintöpfe und Ragouts.

Kochdauer

Gedörrtes Gemüse ist etwa 45–60 Minuten ab dem Aufkochen weich. Um besonders zart gekochtes Gemüse zu erhalten, sollte Salz erst gegen Ende der Kochzeit beigegeben werden.

REZEPTE MIT GEDÖRRTEM GEMÜSE

SÜSSE ROTE-RÜBEN-CHIPS

1 l Wasser
300 g Zucker
1 kg Rote Rüben

Wasser mit Zucker aufkochen, gut gewaschene, ungeschälte Rote Rüben in 4 mm dicke Scheiben schneiden. Diese 3–5 Minuten im leicht siedenden Zuckerwasser ziehen lassen. Herausheben und 60 Minuten in einem Sieb abtropfen lassen. Anschließend bei 70 °C dörren, bis die Chips hart und leuchtend rot sind.

▸ REZEPTTIPP

Dieses Rezept mit Blanchieren der Gemüsescheiben bei verschiedenen Gemüsearten angewendet werden (z. B. Sellerie, Kürbis, Karotten).

Rote-Rüben-Chips werden leuchtend rot, wenn die in Scheiben geschnittenen Rüben vor dem Dörren in Zuckerwasser blanchiert werden.

GEWÜRZSALZ FÜR SUPPEN

10 g gedörrte Sellerieknolle
20 g gedörrtes Selleriekraut und gedörrten Liebstöckel in beliebigem Mischungsverhältnis
70 g Salz

Alle Zutaten werden gleichzeitig in der Küchenmaschine zerkleinert und gemischt (der Kräuter- und Gemüseanteil soll etwa 10–30 % des Gesamtgewichts betragen).

TIPP! Das sollten Sie beachten!

Sellerie zählt zu jenen Lebensmitteln, die in Verdacht stehen, Allergien und Nahrungsmittelunverträglichkeiten auszulösen. Werden Produkte mit Sellerie in Verkehr gebracht, muss eindeutig in der Zutatenliste auf Sellerie als Allergen hingewiesen werden!

LINSENSUPPE MIT DINKELREIS UND DÖRRGEMÜSE

200 g Tellerllinsen
50 g Dinkelreis
Bohnenkraut, Thymian, Pfeffer
gedörrte Zitronenzesten (siehe S. 80)
Salz
etwa 20 g Dörrzwiebeln
20–30 g gedörrte Karotten
2 EL Mehl
4 EL Sauerrahm oder Crème fraîche
1 Schuss Essig
ca. 20 g gedörrte Paradeiser (Tomaten)
ca. 1 EL gedörrter Schnittlauch und Petersilie

Über Nacht eingeweichte Linsen und Dinkelreis mit frischem Wasser (ca. 1,5 l), Bohnenkraut, Thymian, Pfeffer und der Zitronenschale ca. 30 Minuten kochen. Dann salzen, Dörrzwiebel und Dörrkarotten zugeben und weitere 15 Minuten kochen. Zuletzt das Mehl mit dem Sauerrahm verrühren und in die Suppe geben, mit dem Essig säuern. Paradeiser dazugeben und noch 10 Minuten sanft köcheln lassen. Mit Schnittlauch und Petersilie bestreuen und servieren.

▸ REZEPTTIPP

Für eine herzhaftere Suppe können 60 g geröstete Speckwürfel zugegeben werden.

ZWIEBELSUPPE AUS DÖRRZWIEBELN

1 l Wasser
Salz
60 g Dörrzwiebeln
125 ml Weißwein
etwas Pfeffer aus der Mühle
gedörrte Kräuter: z. B. Liebstöckel, Bohnenkraut, Ysop

Wasser aufkochen und salzen, Dörrzwiebeln und Wein zugeben. Nach Geschmack würzen und kochen lassen.

▸ REZEPTTIPP

Als Einlage Brotschnitten mit Käse überbacken und klein geschnitten vor dem Servieren in die Suppe geben.

ARZNEI- UND GEWÜRZPFLANZEN

Arznei- und Gewürzpflanzen werden umgangssprachlich als „Kräuter“ bezeichnet. Zu den Arznei- und Gewürzpflanzen zählen „Blattkräuter“, „Wurzeln“, „Früchte und Samen“ sowie „Blüten“. Ihre Bezeichnung kommt daher, dass sie sowohl sehr aromatisch sind als auch zahlreiche wertvolle und gesundheitsfördernde Inhaltsstoffe haben. Zunächst werden nun einzelnen Pflanzen aus der Vielfalt der „Kräuter“ beschrieben und wofür sie Verwendung finden. Danach wird im Unterkapitel „Verwendung als Arzneipflanzen“ ab S. 134 auf den richtigen Umgang mit gedörrten Arznei- und Gewürzpflanzen eingegangen und wie sie zu wirksamen Aufgüssen, Ölauszügen und dergleichen mehr zubereitet werden. Den Abschluss bilden Rezepte mit gedörrten Arznei- und Gewürzpflanzen ab S. 136.

Anbau oder Sammeln von Wildkräutern

Vorteile Anbau von Arznei- und Gewürzpflanzen gegenüber Wildkräutersammeln

- Durch den Anbau werden natürliche Standorte in der freien Natur geschont und dadurch ein wichtiger Beitrag zum Artenschutz geleistet.
- Durch den Anbau können auch Arten verarbeitet werden, die unter Naturschutz stehen und nicht aus der freien Natur entnommen werden dürfen, z. B. die Schlüsselblume (*Primula veris*).
- Beim Anbau kann der Entwicklungszustand der Pflanzen besser beobachtet werden. Dadurch ist die Entscheidung über den richtigen Erntetermin einfacher.
- Beim Anbau erfolgt die Ernte meist zügiger als bei der Wildsammlung. Daher kann die Zeitspanne zwischen Ernte und Verarbeitung kurz gehalten werden.
- Werden geeignete Anbauorte und Kulturmaßnahmen ausgewählt, kann eine mögliche Verschmutzung der Pflanzen von vornherein vermieden werden.
- Es steht im Handel eine große Palette an Saatgut für Kräuter zur Verfügung, und es werden hochwertige Jungpflanzen angeboten. Damit sind wichtige Voraussetzun-

gen für den Anbau hochwertiger Arznei- und Gewürzpflanzen gegeben.

- Besonders wenn Pflanzen nicht aus dem Anbau im Garten stammen, sondern in der freien Natur gesammelt werden, ist eine exakte Bestimmung und Identifizierung notwendig. Vergiftungen können im schlimmsten Fall tödliche Folgen haben. Häufig wird von schweren Vergiftungen aufgrund der Verwechslung von Maiglöckchen mit Bärlauch berichtet. Aber auch unter den Doldenblütlern finden sich sowohl wertvolle Gewürze (Kümmel, Petersilie) als auch gefährliche Giftpflanzen (Schierling). Botanische Grundkenntnisse und Erfahrung im Umgang mit Pflanzen sind Voraussetzung für einen sicheren Umgang mit diesen Schätzen der Natur.
- Viele Pflanzen kommen in der freien Natur im deutschsprachigen Raum gar nicht vor und müssen angebaut werden.

Perfekter Erntezeitpunkt

Man sollte bei jedem einzelnen Arznei- und Würzkraut darauf achten, den richtigen Erntezeitpunkt einzuhalten. Der richtige Zeitpunkt des Sammelns und der Ernte richtet sich dabei nach dem betreffenden Pflanzenteil der jeweiligen Pflanze. Die Ernte erfolgt bei Blättern nach dem richtigen Entwicklungszustand (siehe Aufzählung auf S. 108–109), bei Blüten zur Zeit der Vollblüte und bei Samen zur Vollreife, kurz bevor die Früchte von selbst abfallen. Wurzeln werden vom Spätherbst bis zum zeitigen Frühjahr geerntet, da zur Zeit der Vegetationsruhe alle Reservestoffe in den Wurzeln eingelagert sind.

Dörren von Arznei- und Gewürzpflanzen

Für Arznei- und Gewürzpflanzen ist das Dörren die beste aller Konservierungsmethoden. Beim fachgerechten Dehydrieren bleiben wertgebende Inhaltsstoffe weitgehend erhalten, und gedörrte Kräuter können vielfältig weiterverarbeitet oder verwendet werden. Die meisten Arzneipflanzen finden als Tee ihre Hauptanwendung. Die sogenannten „Drogen“ – also gedörrte Heilkräuter – können auch als Rohstoffe für diverse andere Verarbeitungsformen herangezogen werden. Gewürze werden fast ausschließlich gedörrt verwendet.

WICHTIG! Dörren für den Hausgebrauch

Auch wenn Kräuter nur für den privaten Gebrauch vorgesehen sind und nicht in Verkehr gebracht werden, sollte auf höchste Produktqualität geachtet werden. Diese ist nur durch ein schnelles und schonendes Dörren zu erreichen, d. h. möglichst kurz und bei maximal 42 °C. Natürliche Trocknung birgt die Gefahr, dass sich im Trocknungsprodukt giftige Schimmelpilze entwickeln.

BLATTKRÄUTER

Blattkräuter ernten

Der optimale Erntezeitpunkt richtet sich nach dem Entwicklungszustand und dem zu erntenden Pflanzenteil.

Blätter: Ernte vor der Knospenbildung

- Dillkraut
- Liebstöckel
- Petersilie

- Schnittlauch
- Zitronenmelisse

Blätter: Ernte zur Knospenbildung, noch vor Blühbeginn

- Beifuß
- Brennnessel
- Estragon
- Indianernessel (Kraut)
- Schabzigerklee
- Zitronenverbene

Bätter: Ernte zu Blühbeginn, spätestens vor der Vollblüte

- Bohnenkraut
- Erdbeerblatt
- Katzenminze (weiße Melisse oder *Nepeta cataria*)
- Majoran
- alle Minzearten
- Oregano
- Rosmarin
- Salbei
- Spitzwegerich
- Thymian
- Ysop

Blüten: Ernte in der Vollblüte

- Anis-Ysop
- alle Blüten
- Dost
- Frauenmantel
- Johanniskraut
- Schafgarbe

Blattkräuter zum Dörren aufbereiten

Anforderungen an die Rohware

Blattkräuter werden zum Zeitpunkt wie in der Aufzählung oben beschrieben geerntet. Überreife oder abgeblühte Kräuter werden nicht mehr zum Dörren geerntet. Nach der Blüte verlieren Pflanzen stark an Geschmack und Wirkstoffgehalt. Blätter, die sich bereits

Zitronenmelisse, Blätter und Stängel: Zitronenmelisse, Pfefferminze, Apfelminze und viele andere Kräuter werden am besten vor dem Dörren abgerebelt.

von frischem Grün in Gelbtöne verfärben, sehen auch gedörrt unschön aus und schmecken langweilig. Es dürfen nur saubere und gesunde Pflanzen gedörrt werden. Nur wenn die Pflanzen stark mit Sand und Erde verschmutzt sind, sollten sie vor dem Dörren gereinigt werden. Das geschieht durch Abbrausen mit kaltem Wasser. Pflanzen, die durch Mehltau oder andere Krankheiten geschädigt sind, werden nicht gedörrt. Das gilt auch für Pflanzen, die von Schädlingen (z. B. Blattläusen) befallen sind.

Bei einigen Blattkräutern lassen sich die Blätter sehr einfach unmittelbar nach der Ernte von den Stielen streifen. Wartet man zu lange, werden die Blätter welk und lassen sich nur noch schwer abstreifen. Das gelingt dann erst wieder nach dem vollständigen Dörren der Blätter. Blattkräuter, die sich vor dem Dörren nicht leicht von den Stielen streifen lassen, werden am Trieb gedörrt und anschließend abgerebelt. Das ist zum Beispiel bei Thymian, Liebstöckel und Bohnenkraut der Fall.

Bei größeren Erntemengen wird es selten möglich sein, die Blätter vor dem Dörren von den Stängeln zu streifen. Daher ist in diesem Fall die ganze Pflanze zu dörren und erst im gedörrten Zustand abzurebeln. Hochwertigere Ware entsteht durch vorheriges Abrebeln, auch Energie beim Dörren wird gespart. Daher ist es empfehlenswert, jedoch nur für den Kleinanbau durchführbar.

TIPP! Nachdörren wenn nötig

Lassen sich die Blätter nach dem Dörren nicht leicht von den Stängeln trennen, ist der Feuchtegehalt noch zu hoch. Es muss so lange nachgedörrt werden, bis die Blätter leicht abgerebelt werden können.

BLATTKRÄUTER MIT GROSSEN, WASSERHALTIGEN BLÄTTERN

Anisysop (*Agastache foeniculum*)

Die sehr pflegeleichte und blühfreudige Staude bereichert jeden Garten und wird von vielen wichtigen Insekten als Nahrungsquelle genützt.

Anisysop ist eine attraktive Gartenpflanze und ein hervorragendes Teekraut. Die Blätter duften zart nach Anis, die Blüten erinnern an Ysop und sind für viele Insekten eine wichtige Nahrungsquelle.

Ernte und Dörren

Kurz vor der Vollblüte werden die großen Blätter von den Trieben gestreift und locker zum Dörren aufgelegt.

Verwendung

Eisteemischungen, Cocktails, Sirup und Liköre können mit dem feinen Anisgeschmack aromatisiert werden. Aber auch Fruchtsalaten und Blattsalaten verleiht Anisysop eine besondere Note.

Besonderheiten

Anisysop ist weder mit Anis noch mit Ysop verwandt. Der zarte Anisgeschmack ist aber überall dort von Vorteil, wo der intensive Geschmack von echtem Anis zu stark ist. So findet Kräutertee mit gedörrten Anisysopblättern auch bei Personen seine Freunde, die sonst um Anis einen weiten Bogen machen.

Basilikum (*Ocimum basilicum*)

Anbau und Ernte

Basilikum liebt Wärme und viel Feuchtigkeit und hat hohe Ansprüche an die Nährstoffversorgung des Bodens. Gut bewährt hat sich die Kombination von Basilikum und Paradeisern, nicht nur auf der Pizza, sondern auch im Beet. Beide Pflanzen haben ähnliche Kulturbedingungen. Bei Temperaturen unter

Das aromatische Basilikumkraut verliert beim Dörren viel von seinem typischen Geschmack und sollte besser anders konserviert werden.

Die orientalischen Düfte des Heiligen Basilikums lassen sich durch Dörren sehr gut konservieren. Mit Tulsi können wir auch Aromen, die an Gewürznelke und Zimt erinnern, im eigenen Garten kultivieren.

10 °C geht das aus den Tropen stammende Basilikum ein.

Frische gesunde Blätter werden vor Erscheinen der Blüte geerntet. Die Pflanze bleibt buschig und vital, wenn laufend ganze Triebspitzen abgeschnitten werden und die Pflanze dadurch nicht zur Blüte kommt.

Besonderheiten

Basilikum zählt zu jenen Pflanzen, deren Aroma nach dem Dörren nicht mit dem der Qualität der Frischpflanze zu vergleichen ist. Wenn möglich, sollte Basilikum daher anders konserviert werden. Beim Einfrieren bleibt das Aroma besser erhalten, sehr beliebt ist auch die Herstellung von Basilikumpesto.

Dörren

Sollte dennoch gedörrtes Basilikumkraut benötig werden, ist es ganz wichtig, dass die Pflanzen an einem Tag mit wenig Morgentau zeitig am Morgen geerntet werden, solange die Blätter noch kalt sind. Sonnenwarme Blätter fermentieren sehr schnell und werden während des Dörrens fleckig und braun. Das Dörren benötigt sehr lange, da die Blätter nur langsam den Pflanzensaft abgeben. Am besten ist es, die Blätter schonend sofort nach dem Schnitt von den Stielen zu streifen und gleich zu dörren.

Es gibt allerdings zwei Basilikumsorten, die sehr gut zum Dörren geeignet sind: Das **Heilige Basilikum** (*Ocimum sanctum*) **und das Zitronenbasilikum** (*Ocimum americanum*). Das Heilige Basilikum, in Indien auch Tulsi genannt, ist eine sehr robuste Gartenpflanze, die kaum Probleme mit Schädlingen und Krankheiten hat. Tulsi kann auch als Zimmerpflanze kultiviert werden und besticht mit einem kräftigen Aroma, das an eine Mischung von Zimt und Gewürznelke erinnert. Ein ideales Gewürz für die Winter- und Weihnachtszeit. Die Anwendungen von gedörrtem Tulsi reichen von Weihnachtsbäckerei über Apfelgerichte wie Strudel und Kompott bis hin zu diversen winterlichen Getränken (z. B. ist es ein hervorragender Ersatz für Zimt und Gewürznelken).

Zitronenbasilikum hingegen liefert Zitronenaroma aus eigenem Anbau. Spritzig erfrischend und sehr vielseitig in der Anwendung ist dieser besondere Vertreter der

Basilikumart. Besonders gut schmeckt Zitronenbasilikum zu Eis, Desserts und anderen Süßspeisen, und das Aroma ist auch nach dem Dörren spritzig und fein.

Brennnessel (*Urtica dioica L. und Urtica urens L.*)

Ernte und Dörren

Die Ernte erfolgt bei ausreichender Wuchshöhe unbedingt noch vor Blühbeginn. Wenn es möglich ist, sollten die Blätter der Brennnessel vor dem Dörren von den Stängeln getrennt werden, am besten mit Gummihandschuhen. Die Stängel sind wertlos und brauchen viel Aufwand zum Dörren.

Allerdings ist das Abrebeln nach dem Dörren wegen der verringerten Brennwirkung viel einfacher. Deshalb wird manchmal auch das ganze Kraut gedörrt, anschließend werden die Blätter von den Stängeln gerebelt.

Verwendung

Die Brennnessel gilt als wertvolle Pflanze zur Anregung des Körperstoffwechsels. Der Tee ist sehr wohlschmeckend.

Besonderheiten

Die Brennnessel verliert durch das Dörren ihre stark brennende Wirkung. Das Hantieren mit dem gedörrten Kraut ist aber trotzdem nicht angenehm.

Gedörrte Brennnesselblätter ergeben einen wohlschmeckenden Tee mit vielen positiven Wirkungen.

Brotklee (*Trigonella caerulea*)

Diese Pflanze wird auch als Schabzigerklee, Zigerklee, Zigerkraut, Zigeunerkraut, Käseklee oder blauer Steinklee bezeichnet.

Schabzigerklee ist eine einjährige, nicht verholzende Pflanze aus der Familie der Leguminosen (Hülsenfrüchte). Wie alle Pflanzen dieser Familie erfüllt er im Gartenbau die wichtige Funktion einer Gründüngungspflanze, da er in Symbiose mit Bakterien an der Wurzel Luftstickstoff binden und im Boden anreichern kann. Mit seiner Pfahlwurzel trägt diese wertvolle Pflanze auch zur Lockerung von verdichteten Böden bei.

Brotklee ist ein sehr aromatisches Gewürz und eine hervorragende Bienenweide.

Ernte und Dörren

Werden die Pflanzen vor Blühbeginn geerntet, sind mehrere Schnitte möglich. Wenn die Pflanze blüht, wächst sie nach dem Ernteschnitt nicht mehr gut nach. Das krautige Erntegut wird sofort nach dem Schnitt gedörrt (mit den Stängeln). Bei einer Zwischen-

Schabzigerklee oder Brotklee ist ein wichtiges Gewürz für Südtiroler Brot und eine Schweizer Käsespezialität. Der besondere Klee, der nicht mit Bockshornklee (*Trigonella foenum-graecum*) verwechselt werden darf, hat aber darüber hinaus im Garten und in der Küche viel zu bieten!

lagerung über 30 Minuten werden die Blätter gelb. Die Blätter lassen sich erst im ganz trockenen Zustand von den Stängeln rebeln. Dieser abgerebelte Brotklee ist wertvoller als der vermahlene. Im Handel ist jedoch meist nur das gemahlene Pulver der ganzen gedörrten Pflanzen zu bekommen. Daher lohnt sich ein eigener Anbau und die richtige Verarbeitung bei diesem Gewürz besonders.

Verwendung

Schabzigerklee wird ausschließlich gedörrt verwendet, weil sich das kräftige Aroma erst beim Dörren entwickelt. Das frische Kraut ist nicht würzig!

Der kräftige manchmal fast aufdringliche Cumarinduft, der ein wenig an Liebstöckel erinnert, bleibt auch nach langer Lagerdauer erhalten. Brotklee darf wegen des kräftigen Geschmacks nur sehr sparsam eingesetzt werden: In der Schweiz wird der Klee zur Herstellung einer sehr intensiven Käsespezialität verwendet. In Südtirol verhilft er den Vinschger Paarlen, einem besonderen Fladenbrot und dem Schüttelbrot zu ihrem besonderen und weit über die Landesgrenzen hinaus bekannten Geschmack. Aber Schabzigerklee ist nicht nur ein unverzichtbaren Brot- und Käsegewürz: Auch Suppen, Eiergerichte, Aufstriche oder Aufläufe bekommen bei sparsamer Verwendung eine besondere Note. Bei Überdosierung werden die Gerichte ungenießbar!

Aus Georgien stammt die Verwendung von Schabzigerklee in einem köstlichen Gewürzsalz. Neben dem Klee sind in dieser Mischung Dill, Koriander, Knoblauch, Kümmel, Paprikapulver und gedörrte Blütenblätter der Tagetes (für eine intensive Farbe) enthalten. Der gewichtsmäßige Anteil von Salz beträgt in dieser Mischung 10–15 %.

Duftpelargonie (*Pelargonium graveolens*)

Ernte und Dörren

Die Blätter dieser beliebten Duftpflanze werden vor der Blütezeit geerntet. Grobe Stängelteile sollten gleich bei der Ernte aussortiert werden, denn sie enthalten nur wenige Aromastoffe und benötigen im Vergleich zu den feinen Blättern viel längere Trocknungszeiten.

Verwendung

Gedörrte Duftpelargonienblätter verleihen Kräuterteemischungen eine besondere, leicht orientalische Note. Aber auch Säfte, Sirupe und Obstsalate werden durch den feinen Zitronen- und Rosenduft bereichert.

Besonderheiten

Aus Duftpelargonien wird das ätherische Öl gewonnen, welches im Handel unter der Bezeichnung „Geranienöl“ vertrieben wird. Es wird oft als Ersatz für Rosenöl eingesetzt und ist wegen seiner entspannenden und beruhigenden Wirkung beliebt.

Estragon (*Artemisia dracunculus*)

Besonderheiten

Bei Estragon werden zwei Kulturformen unterschieden: Während der französische Estragon ausschließlich vegetativ aus Stecklingen vermehrt wird, kann russischer Estragon auch aus Samen gezogen werden. Als Gewürz und zum Dörren ist der feine französische dem russischen Estragon wegen des viel feineren und stärker ausgeprägten Aromas vorzuziehen. Pflanzen französischer Herkunft haben allerdings höhere Ansprüche an den Standort; sie sollten vor kalten Winden und Spätfrösten geschützt werden. In kalten Gebieten ist ein Winterschutz aus Laub empfehlenswert. Der beste Schutz jedoch ist eine dicke Schneedecke.

Ernte und Dörren

Estragon kann laufend geerntet werden. Durch häufigen Ernteschnitt bleibt die Pflanze buschig und verholzt nicht so stark. Das Abzupfen der frischen Blätter ist sehr mühsam und zeitaufwändig. Daher besser ganze Zweige dörren und anschließend die feinen Blätter von den harten Zweigen rebeln.

Verwendung

Estragon wirkt appetitanregend und fördert die Produktion von Magensaft. Er wird zum Würzen von Soßen und Salaten verwendet und passt gut zu Geflügel, Reis und Fisch. Der bekannte Estragonessig (siehe S. 138), der mit gedörrten Estragonblättern einfach selbst hergestellt werden kann, ist eine sehr aromatische Grundzutat für Salatdressings. Er ist auch besonders gut für die Zubereitung von Erdäpfelsalaten geeignet.

Liebstöckel (*Levisticum officinalis*)

Besonderheiten

Wegen seiner stattlichen Größe wird das würzige Kraut als „Herr im Garten“ bezeichnet. Eine Pflanze deckt bei guten Standortbedingungen den Jahresbedarf einer Familie. Liebstöckelkraut wird seit dem Mittelalter kultiviert; wie schon der deutsche Name verrät, wird es nicht nur als Gewürz verwendet!

Ernte und Dörren

Der erste Schnitt im Frühjahr ist besonders aromatisch, feinblättrig und farbintensiv. Daher sollte besonders der Frühjahrsaustrieb zum Dörren verwendet werden. Der frische Austrieb wird vor Erscheinen der ersten Blütendolden geerntet. Am besten werden die Blätter unmittelbar nach dem Ernteschnitt von den Stielen getrennt und anschließend gedörrt (die fleischigen Stiele brauchen weit mehr Zeit als die Blätter und eignen sich wegen der harten Struktur nicht gut zum Würzen).

Verwendung

Bei Beschwerden von Milz, Nieren, Magen, Blase, Herz und Leber ist ein Aufguss aus den Blättern sehr hilfreich. Das sehr beliebte Würzkraut mit dem ausgeprägten Geschmack darf auch in der Küche nicht fehlen: Liebstöckel verleiht Suppen, Saucen und Magenlikören eine kräftige und unverwechselbare Note.

Liebstöckel: ein wichtiges Gewürz mit vielen Anwendungsmöglichkeiten!

Spitzwegerich (*Plantago lanceolata*)

Besonderheiten

Spitzwegerich kann einfach durch Teilung vermehrt werden. Man gräbt dazu am besten im zeitigen Frühjahr einen kräftigen Pflanzenhorst aus, zerteilt ihn in Einzelpflänzchen und setzt diese sofort wieder im Abstand von 30 x 30 cm an einem anderen Standort ein.

Ernte und Dörren

Die länglichen Blätter werden bis zu viermal pro Jahr vor dem Erscheinen der Blütenstände geerntet. Dabei sollen keine gelb verfärbten Blätter mitgeschnitten werden. Schnelles Dörren bei maximal 50 °C verhindert Verfärbungen der Blätter, für die Spitzwegerich sehr anfällig ist. Der Dörrvorgang darf dabei auf keinen Fall für längere Zeit unterbrochen werden. Das Kraut beginnt in der feucht-warmen Umgebung des Dörrgerätes sofort zu fermentieren, und die Blätter werden dunkelbraun und unbrauchbar.

Verwendung

Spitzwegerich wird als wohlschmeckender Tee bei Husten und Halsschmerzen sowie bei schmerzenden Entzündungen im Mund- und Rachenraum eingesetzt. Ein Sirup aus den gedörrten Blättern (Rezept siehe S. 137) schmeckt köstlich und macht die auch Heilwirkung dieser wertvollen Pflanze nutzbar.

Spitzwegerich ist ein altes Hausmittel gegen Husten und Halsweh.

Zitronenkatzenminze (*Nepeta cataria ssp. citriodora*)

Besonderheiten

Zitronenkatzenminze zählt zu den kurzlebigen Stauden und muss daher alle 2–3 Jahre neu ausgepflanzt werden.

Ernte und Dörren

Zitronenkatzenminze ist eine robuste Staude, die intensiv nach Zitrone duftet. Sie wird wie Zitronenmelisse vor dem Aufblühen geschnitten und bei niedrigen Temperaturen gedörrt. Wenn es beim Dörren stark duftet, ist das ein Anzeichen dafür, dass zu viel ätherisches Öl aus der Pflanze entweicht und daher die Trocknungstemperatur gesenkt werden sollte. Die harten Stängel werden am besten noch vor dem Dörren von den Stängeln gestreift. Sollte das arbeitstechnisch nicht möglich sein, kann das fertige Dörrgut gerebelt werden.

Verwendung

Verwendet wird der besonders aromatische Tee bei Fieber, Erkältung und Nervosität. Ein köstlicher und sehr wirksamer Entspannungstee kann aus Zitronenkatzenminze, Zitronenmelisse und weiteren Kräutern mit Zitronenaroma komponiert werden.

Zitronenkatzenminze ist eine uralte Bauerngartenstaude, die heute leider viel zu selten kultiviert wird. Ihr Zitronenduft ist stärker als jener der weit verbreiteten Zitronenmelisse, die nach dem Dörren leicht seifig schmeckt.

Zitronenkatzenminze wird durch Stecklinge oder Samen im Frühjahr vermehrt.

Zitronenmelisse (*Melissa officinalis*)

Zitronenmelisse zählt zu den beliebtesten und bekanntesten Kräutern. Die beruhigende Wirkung dieser traditionellen Bauerngartenpflanze wird in hektischen Zeiten sehr geschätzt.

Ernte und Dörren

Zitronenmelisse kann mehrmals im Jahr geerntet werden. Vor Blühbeginn wird am zeitigen Morgen, solange die Pflanze noch kühl ist, geerntet. Danach werden die Blätter sofort vorsichtig von den Stielen abgestreift und locker zum Dörren aufgelegt. Die Trocknung erfolgt zur Schonung der ätherischen Öle bei niedrigen Temperaturen. Wird zu heiß gedörrt (über 42 °C), duftet es zwar während der Arbeit angenehm erfrischend nach Zitrone, die Droge verliert aber dadurch stark an Aroma und erinnert in der Folge mehr an Heu als an Melisse.

Besonderheiten

Frische Blätter der Zitronenmelisse werden in der ersten Trocknungsphase (= Vortrocknung, siehe S. 46) nur sehr vorsichtig, am besten gar nicht gewendet. Jede mechanische Beanspruchung der noch feuchten bis halbfeuchte Blätter verursacht Braunfärbungen, die das fertige Dörrprodukt unansehnlich machen. Außerdem kommt es durch die mechanischen Beschädigungen der Ölzellen zu einem deutlichen Verlust an den wertvollen ätherischen Ölen.

Verwendung

Aus Zitronenmelisse kann ein beliebter Tee bereitet werden, der für seiner beruhigenden Wirkung bekannt ist. Auch als Badezusatz für ein Entspannungsbad oder als Zutat zur Herstellung von Kräutersäften und -sirups leistet das gedörrte Kraut gute Dienste.

Zitronenverbene (*Aloysia citriodora, Lippia citriodora*)

Besonderheiten

Die aus Südamerika stammende Pflanze ist in Mitteleuropa nicht winterhart. Im Winterquartier (bei Temperaturen zwischen 0 bis +8 °C) verliert der Strauch seine Blätter und treibt im Frühjahr wieder frisch aus.

Ernte und Dörren

Die Pflanze verträgt einen Rückschnitt, der kurz vor der Blüte durchgeführt werden soll-

Zitronenmelisse besser früher als zu spät ernten, jedenfalls deutlich vor Blühbeginn. Junge Blätter behalten beim Dörren ihre frische grüne Farbe besser als ältere Blätter.

Zitronenmelisse enthält viel ätherisches Öl und darf daher nicht über 40 °C gedörrt werden.

Auch die schonend gedörrten Blätter der Zitronenverbene behalten ihren feinen Zitronengeschmack.

te, sehr gut. Sie wird dadurch buschig und verholzt weniger. Dabei anfallende Triebe sollten keinesfalls verworfen werden: Besser ist es, sie bei 42 °C zu dörren und anschließend die Blätter von den holzigen Stielen zu streifen.

Verwendung

Die Zitronenverbene überzeugt, wie der Name verrät, durch intensives Zitronenaroma und ist als Kräutertee bei Kindern und Erwachsenen sehr beliebt.

Petersilie (*Petroselinum crispum*)

Ernte und Dörren

Die Ernte kann laufend über das ganze Jahr erfolgen. Spätestens wenn sich erste Blätter gelb verfärben, wird 10 cm über dem Boden geschnitten. Wenn unverzüglich nach der Ernte bei 40–45 °C gedörrt wird, bleibt eine tiefgrüne Farbe erhalten. Andernfalls neigt Petersilie beim Dörren zu einem starken Rückgang des typischen Geschmacks und zur Gelbfärbung der Blätter. Daher ist bei Petersilie die natürliche Trocknung wegen der erforderlichen hohen Trocknungsgeschwindigkeit ausgeschlossen. Hochwertige getrocknete Petersilie kann nur durch

Nach der Aussaat sollen die Petersiliensamen bis zum Erscheinen der Jungpflanzen immer gleichmäßig feucht bleiben und niemals austrocknen. Aus diesem Grund ist eine Vorkultur sehr empfehlenswert. Im Garten ist es nur schwer möglich, diese Bedingung für ein sicheres Keimen über viele Tage einzuhalten.

künstliche Trocknung erzeugt werden. Die Stängelteile werden nach dem Dörren durch Rebeln und Sieben entfernt.

Verwendung

Neben der Verwendung als universelles Suppen-, Fisch- und Kartoffelgewürz wird der Petersilie auch eine magenfreundliche und blähungstreibende Wirkung nachgesagt.

Besonderheiten

Auch die Wurzeln der Petersilie können gedörrt und als Gewürz verwendet werden. Das Dörren der Wurzeln erfolgt wie bei der Karotte (siehe S. 99).

Pfefferminze (*Mentha x piperita*)

Ernte und Dörren

Der Schnitt der Pfefferminze erfolgt bei ausreichender Blattmasse noch vor Erscheinen der ersten Blüten. Je nach Klima sind mehrere Ernteschnitte pro Jahr möglich. Bei kleineren Erntemengen ist es sinnvoll, die Blätter vor dem Dörren von den Stielen zu streifen und nur hochwertige Blattware zu dörren. Gelbe Blätter werden aussortiert. Bei größeren Erntemengen werden die ganzen Triebe gedörrt und später die Blätter von den Stängeln abgerieben. Beim Dörren darf eine Temperatur von 42 °C nicht überschritten werden.

Verwendung

Minze ist ein vielseitiges Gewürz. Sie wird aber auch wegen ihrer Heilwirkung sehr geschätzt: Anwendungsgebiete sind Darmträgheit, Krämpfe der Verdauungsorgane, Blähungen und Schnupfen. Kalter Minzentee ist an warmen Sommertagen ein beliebtes Erfrischungsgetränk.

Pfefferminze ist eine der bekanntesten Heilpflanzen: Von der Zahnpasta bis zum Kräutertee – die Pfefferminze kann vielseitig verwendet werden.

Besonderheiten

Viele Minzen sind sehr einfach zu dörren und ergeben auch bei nicht optimalen Trocknungsbedingungen befriedigende Ergebnisse. Neben der echten Pfefferminze eignen sich auch andere Minzen zur Herstellung von Dörrprodukten; hier nur eine kleine Auswahl aus der Gruppe der Minzen, die gut gedörrt werden können:

- Apfelminze wird auch Milde Minze genannt, weil sie im Gegensatz zur echten Pfefferminze viel weniger Menthol enthält. Dadurch ist sie viel milder im Geschmack und die ideale Minze für Kinder und Personen mit einer Unverträglichkeit oder Abneigung gegen das intensive Menthol.
- Orangenminze
- Krause Minze
- Braune Minze („Kärntner Nudelminze“)
- Grüne Minze

BLATTKRÄUTER MIT KLEINEN, TROCKENEN BLÄTTERN

Bergbohnenkraut (*Satureja montana*), Gartenbohnenkraut (*Satureja hortensis*)

Ernte und Dörren

Das Kraut wird zu Blühbeginn, spätestens zur Vollblüte, ungefähr handbreit über dem Boden geschnitten und sofort nach der Ernte gedörrt. Nach dem Dörren werden die zarten Blättchen von den härteren Stängeln gerebelt.

Bergbohnenkraut ist ein sehr vielseitiges Gewürz, das auch gedörrt das volle Aroma behält.

Verwendung

Bohnenkraut hat ein würzig scharfes und intensives Aroma. Wie der Name schon verrät, passt es besonders gut zu Bohnen und anderen Hülsenfrüchten. Die Verwendung sollte sich aber nicht auf Bohnengerichte beschränken. Es ist ein sehr vielseitiges Würzkraut und kann als Ersatz und Ergänzung von Oregano verwendet werden.

Thymian (*Thymus vulgaris*), Quendel (*Thymus pulegioides*)

Ernte und Dörren

Der Schnitt erfolgt kurz vor oder während der Vollblüte an trockenen Tagen mit vollem Sonnenschein. Damit die Pflanze sich vom Schnitt gut erholt und wieder kräftig austreibt, darf keinesfalls tiefer als 10 cm über dem Boden geschnitten werden. Die ganzen Triebe werden bei maximal 42 °C gedörrt, bis sich die Blättchen von den Stängeln leicht lösen lassen, und werden anschließend durch ein Sieb abgerebelt.

Verwendung

Neben seiner bekannten Verwendung als Gewürz in der mediterranen Küche sind Thymian und Quendel auch wirksame Heilpflanzen bei Husten, Durchfall und Magenverstimmungen. Dazu wird ein Tee aus gedörrten Blättchen zubereitet. Thymian kann auch für ein herrlich duftendes Vollbad verwendet werden. Das ist an kalten Wintertagen eine wahre Wohltat und hilft außerdem bei schlecht heilenden Wunden. Für das Vollbad werden 100 g gedörrter Thymian in 1 l Wasser aufgekocht und nach einer Ziehzeit von 20 Minuten dem Badewasser zugegeben. Thymian kann als Heilmittel innerlich und äußerlich angewendet werden.

Besonderheiten

Neben dem weithin bekannten *Thymus vulgaris* gibt es eine große Anzahl an Formen, Farben und Düften bei Thymian. Man sollte also weitere Thymianarten im Garten und in der Küche ausprobieren! Hier nur einige Beispiele:

- Zitronenthymian (*Thymus citriodorus*)
- Balsamischer Orangenthymian (*Thymus fragrantissimus*)
- Kümmelthymian (*Thymus herba barona*)
- Rosen-Thymian (*Thymus ssp.*)

Thymian darf in keinem Garten fehlen. Die Pflanzen sind eine ideale Bienenweide und sehr gut für Trockenstandorte und Steinmauern geeignet.

Quendel oder Feldthymian wächst als Wildpflanze in der freien Natur und kann auch im Garten gut kultiviert werden. Seine medizinische Wirkung ist mit dem von Thymian zu vergleichen.

Wegen seines stark bitteren Geschmacks darf Wermut nur in sehr geringen Mengen verwendet werden.

Ysop ist ein ausgezeichnetes Grillgewürz und eine schöne Gartenpflanze. Auf den tiefblauen Blüten sind oft Schmetterlinge und Hummeln zu finden. Selten blüht Ysop auch in Rosa oder Weiß.

Wermut (*Artemisia absinthium*)

Ernte und Dörren

Die Blätter der Wermutpflanze werden zur Zeit der Vollblüte geerntet. Wenn nur kleine Mengen benötigt werden, können die Blätter direkt von der Pflanze gepflückt werden. Werden größere Mengen benötigt, ist es vorteilhaft, ganze Triebe zu schneiden und die Blätter anschließend von den harten Stielen zu pflücken. Es sollten nur die Blätter und keine holzigen Teile gedörrt werden, da diese andernfalls danach aussortiert werden müssen. Wermut ist beim Dörren auch gegen höhere Temperaturen unempfindlich.

Verwendung

Wermut wirkt appetitanregend, verdauungsfördernd und blähungstreibend. Er wird zur Herstellung von Wermutweinen und Kräuterlikören (Absinth-Schnäpse) eingesetzt und findet auch als Küchengewürz für Lammfleisch und Eintopfgerichte Verwendung.

Besonderheiten

Wermut kann wegen seines starken Geruchs auch zur Vertreibung von Motten und anderen Insekten verwendet werden. Er darf niemals gemeinsam mit anderen Ernteprodukten gedörrt werden, da diese sonst das bittere Aroma annehmen!

Ysop (*Hyssopus officinalis*)

Besonderheiten

Ysop ist eine attraktive Zierpflanze, die besonders von Bienen und Schmetterlingen sehr geschätzt wird. An Standorten, an denen Lavendel nicht gut gedeiht, ist Ysop ein guter Ersatz. Er hat geringere Ansprüche an Wärme und an den Boden und treibt nach einem Rückschnitt besser aus.

Ernte und Dörren

Ysop wird ab Blühbeginn bis zur Vollblüte geerntet. Er sollte dabei knapp oberhalb der holzigen Stängelteile geschnitten und ohne Zwischenlagerung mit den Stielen gedörrt werden. Nach dem Dörren bei maximal 42 °C werden die feinen Blättchen abgerebelt.

Verwendung

Ysop ist in der Küche des Mittelmeergebietes unverzichtbar und wird dort zum Grillen von Lammfleisch verwendet. Aber auch Fisch- und Eintopfspezialitäten gewinnen durch die Verwendung von Ysop.

Der kräftige, typische Geschmack von Majoran kann sehr gut durch Dörren konserviert werden.

Majoran (*Origanum majorana*)

Besonderheiten

Oft werden Majoranpflanzen verkauft, die mehrjährig sein sollen. Dabei handelt es sich aber nicht um echten Majoran, sondern meist um Oregano (*Origanum heracleoticum*).

Ernte und Dörren

Majoran ist nicht winterhart und wird daher im deutschsprachigen Raum einjährig kultiviert. Geschnitten wird, sobald 10 % der Blüten aufgeblüht sind, der Rest aber noch als Knospen geschlossen ist. In wärmeren Gebieten sind bis zu 3 Schnitte pro Jahr möglich. Wenn zu langsam gedörrt wird, verfärben sich die kleinen Blätter dunkel. Nach der Trocknung wird Majoran gerebelt und eventuell gesiebt, um ein einheitliches Gewürz zu erhalten.

Verwendung

Mit Majoran kann überall dort gewürzt werden, wo der intensive und typische Geschmack gut zur Geltung kommen darf und wo seine verdauungsfördernde Wirkung hilfreich ist. Das beliebte Fleisch- und Wurstgewürz behält auch bei längerer Lagerung seine starke Würzkraft. Majoran wirkt schleim- und krampflösend sowie schweißtreibend und kann auch als Tee eingesetzt werden.

Oregano (*Origanum heracleoticum*)

Besonderheiten

Bei Oregano lohnt es sich, in Spezialgartenbaubetrieben nach besonderen Sorten und deren Herkunft nachzufragen. Denn es gibt viele verschiedene Formen von Oregano, und zum Dörren sind nur wirklich stark würzige Vertreter dieser Art geeignet.

Ernte und Dörren

Die Ernte erfolgt zu Beginn der Blüte, aber noch vor der Vollblüte. Die Blättchen werden erst nach dem Dörren von den Stielen gerieben.

Verwendung

Oregano ist das klassische Pizzagewürz und darf in der italienischen Küche nicht fehlen. Er eignet sich auch zum Verfeinern von Nudelgerichten und Aufstrichen und macht frischen Schafs- oder Ziegenkäse zur mediterranen Spezialität.

Salbei (*Salvia officinalis*)

Ernte und Dörren

Die Ernte erfolgt vor dem Aufblühen oberhalb der verholzten Teile. Es sind mehrere Schnitte pro Jahr möglich und als Maßnahme gegen ein zu starkes Verholzen auch anzuraten. Der erste Schnitt wird in den meisten Klimagebieten Anfang Juni sein. Das Entfernen der Stängel ist vor und nach dem Dörren möglich. Salbei verliert bei der Zwischenlagerung rasch an Aroma und muss daher möglichst schnell bei höchstens 45 °C gedörrt werden.

Verwendung

Als Gewürz ist der milde und großblättrige Salbei (Schweizer Salbei oder Salbeisorte

„Berggarten") dem schmalblättrigen Salbei vorzuziehen. Er hat ein mildes und weniger harziges Aroma und eignet sich dadurch hervorragend zum Würzen von Fleisch-, Fisch- und Gemüsegerichten. Wer die Heilwirkung des Salbeis nutzen möchte, sollte auf den schmalblättrigen Salbei zurückgreifen. Seine heilende Wirkung bei Entzündungen im Mund und im Rachenbereich ist altbekannt. Salbei verspricht auch als Badezusatz bei schlecht heilenden Wunden rasche Hilfe.

Großblättriger Salbei ist für die Küche ideal, schmalblättriger Salbei hilft als Heilpflanze.

WURZELN

Wurzeln ernten

Die Ernte von Wurzeln erfolgt zur Zeit der Vegetationsruhe von November bis zum zeitigen Frühjahr. In dieser Zeit sind die wichtigen Inhaltsstoffe als Reservestoffe in der Wurzel gespeichert. Sobald der Austrieb beginnt, werden Inhaltsstoffe aus der Wurzel in den Trieb verlagert. Ab diesem Zeitpunkt ist eine Ernte von Wurzeln nicht mehr sinnvoll! Vor der Ernte werden oberirdische Pflanzenreste wie Stängel und Blätter sorgfältig entfernt. Bei kleinen Mengen kann das mit einer Schere geschehen, bei größeren Beständen bringt ein Rasenmäher, bei Feldbeständen ein Mulcher eine große Arbeitserleichterung. Die Ernte der Wurzeln sollte bei trockenem Wetter und abgetrocknetem Boden erfolgen. Andernfalls ist mit einem höheren Aufwand bei der Reinigung der Wurzeln zu rechnen.

Wurzeln werden in der Vegetationsruhe vor dem Austrieb geerntet (im Bild Wurzelstock des Gelben Enzians).

Wurzeln zum Dörren vorbereiten

Wurzeln und Rhizome dürfen nie geschält werden, da viele Wirkstoffe in oder direkt unter der Rinde gespeichert werden! Die Wurzeln sollten unbedingt vor dem Zerteilen gründlich mit kaltem Wasser gewaschen werden. Wenn bereits klein geschnittene Wurzeln gewaschen werden, besteht die Gefahr, viele Inhaltsstoffe über die Schnittstellen auszuspülen.

Größere Mengen an Wurzeln können gut in einer sauberen Betonmischmaschine gewaschen werden. Um Beschädigungen an den Wurzeln zu vermeiden, müssen die Schaufeln in der Mischtrommel mit einem Jutesack umwickelt werden. Das Wasser in der Mischtrommel wird nach einigen Waschgängen gewechselt, und die Wurzeln werden nach einem Waschgang in der Trommel gründlich mit frischem Wasser nachgespült

Dünne Wurzeln (bis Bleistiftstärke) können unzerteilt gedörrt werden, dicke Wurzeln oder Wurzelstöcke (z. B. Alantwurzeln) werden gespalten und in Scheiben geschnitten.

Alant (*Inula helenium*)

Vorbereitung und Dörren

Die Wurzelstöcke werden gespalten und in Scheiben geschnitten. Dörrtemperatur 50 °C.

Verwendung

Alantwurzel findet bei Erkrankungen der Atmungsorgane Verwendung.

Besonderheiten

Die Alantwurzel darf nur in Holz- oder Glasbehältern gelagert werden. In Blechdosen scheidet die gedörrte Wurzel Alantkampfer (ätherisches Öl) aus und wird dadurch unansehnlich.

Baldrian (*Valeriana officinalis*)

Ernte und Dörren

Der Wurzelstock wird bei trockenem Boden ausgegraben und anhaftende Erde schon im Garten oder auf dem Feld durch Abklopfen so gut wie möglich entfernt. Anschließend werden die Wurzelstöcke geteilt, um auch Erdreste und Steine zwischen den feinen Wurzeln zu entfernen. Nach gründlichem Abspülen feinster Sandkörner können die dünnen Wurzeln gedörrt werden. Dörrtemperatur: 30–50 °C.

Verwendung

Baldriantee wirkt beruhigend, krampflösend und fördert den Schlaf.

Eibisch (*Althea officinalis*)

Ernte und Dörren

Nach dem Ausgraben werden die Wurzelstöcke gründlich gereinigt und anschließend zerkleinert. Sofort nach dem Zerkleinern muss rasch und sorgfältig gedörrt werden, denn die Eibischwurzel schimmelt leicht. Dörrtemperatur: 50 °C. Die Wurzel ist erst dann lagerfähig, wenn sie zerbrochen werden kann.

Besonderheiten

Tee aus gedörrten Eibischwurzeln wird kalt angesetzt; dazu werden 2 TL Eibischwurzeln mit 250 ml kaltem Wasser übergossen und 30 Minuten unter gelegentlichem Umrühren stehen gelassen. Nach anschließendem Abseihen wird der Tee auf Trinktemperatur angewärmt und in kleinen Schlucken getrunken. Wenn Eibischwurzeln zu stark erwärmt oder sogar gekocht werden, verkleistert die Stärke. Das vermindert die Wirksamkeit!

Verwendung

Eibischtee wird schon seit dem Mittelalter erfolgreich bei Husten, Heiserkeit und Entzündungen im Rachenraum eingesetzt.

Gelber Enzian (*Gentiana lutea*)

Besonderheiten

Gelber Enzian steht unter Naturschutz und darf daher in freier Natur nicht ausgegraben werden. Enzian ist nicht einfach zu kultivieren und erfordert viel Erfahrung im Gartenbau. Der Anbau braucht viel Geduld, da Enzian sehr langsam wächst und daher frühestens nach vier Jahren geerntet werden kann.

Ernte und Dörren

Zur Schnaps- und Likörherstellung wird die Enzianwurzel im Spätherbst geerntet. Für die Verwendung als Heilmittel sollte die Wurzel erst im zeitigen Frühjahr ausgegraben werden – allerdings noch vor dem Austrieb. Der bis zu 4 kg schwere Wurzelstock wird nach dem Ausgraben gereinigt und in gleich große Stücke zerteilt. Bei größeren Mengen kann dafür, wie bei allen Wurzeln, ein Gartenhäcksler verwendet werden.

Verwendung

Gegen Appetitlosigkeit und Magenbeschwerden wird Enzian (in Form von Schnaps, Tee oder Kapseln aus der Apotheke) eine halbe Stunde vor der Mahlzeit eingenommen.

Zur Herstellung des echten Enzianschnapses, der in den alpinen Regionen Österreichs und Bayerns große Bekanntheit genießt, wird die frische Wurzel vergoren und anschließend destilliert. Aber auch die gedörrte Wurzel kann als intensiver Bitterstoff für Magenbitter und Kräuterliköre verwendet werden.

Der Wurzelstock von Enzian kann mehrere Kilogramm schwer sein. Das dauert aber viele Jahre.

FRÜCHTE UND SAMEN

Früchte und Samen ernten und zum Dörren vorbereiten

Früchte und Samen werden in vollreifem Zustand geerntet. Sie lösen sich dann leicht von der Pflanze. Damit bei der Ernte nicht zu viele Samen von selbst abfallen und verloren gehen, sollten noch taunasse Samen am zeitigen Morgen geerntet werden. Diese müssen unverzüglich zum Dörren aufgelegt werden, sonst besteht die Gefahr des Verschimmelns.

HINWEIS! Früchte / Samen

Werden die Samen als Arzneimittel verwendet, spricht man von „Früchten“, bei der Verwendung als Gewürz hingegen wird derselbe Pflanzenteil als „Samen“ bezeichnet. Beispiel: Ein Tee aus Kümmelfrüchten gegen Blähungen im Gegensatz zu gestoßenen Kümmelsamen als Schweinsbratengewürz.

Früchte und Samen dörren und lagern

In vielen Samen sind ätherische Öle enthalten. Daher darf die Temperatur bei der Trocknung 45 °C nicht übersteigen. Damit Samen und Früchte gleichmäßig und zuverlässig durchtrocknen, dürfen sie nur wenige Zentimeter dick aufgeschichtet werden. Regelmäßiges Durchrühren und Wenden verkürzt die Trocknungszeit. Feinmaschige Netze auf den Trocknungsgittern verhindern große Verluste der häufig sehr kleinen Samen.

Früchte und Samen werden im Ganzen gelagert. Erst unmittelbar vor der Verwendung werden sie zerkleinert. Für längerer Lagerung ist auf eine Restfeuchte von maximal 12 % zu achten.

WICHTIG! Samen für neuerliche Aussaat

Sollen die Samen zur Aussaat verwendet werden, darf die Trocknungstemperatur 25 °C nicht übersteigen! Sonst wird die Keimfähigkeit stark reduziert. In diesem Fall ist die natürliche Trocknung mit guter Belüftung besser als Dörren. Das gilt auch für Fenchel, Anis, Koriander usw.

Anis (*Pimpinella anisum*)

Besonderheiten

Anis ist eine einjährige Pflanze aus der Familie der Doldenblütler mit hohen Wärmeansprüchen. Der typische Anisgeschmack ist nicht jedermanns Sache.

Ernte

Geerntet werden die vollreifen Samen im Herbst.

Verwendung

Anis wird als Gewürz für Brot, für Kleingebäck und für viele Liköre verwendet. Genauso wie Fenchel und Kümmel zeigt Anis sehr gute Wirkung gegen Blähungen und ist daher auch in vielen Stilltees enthalten. Fenchel, Kümmel und Anis sollten gegen Bauchschmerzen in keiner Hausapotheke fehlen.

Dillsamen (*Anethum graveolens*)

Ernte

Dillsamen werden in vollreifem Zustand kurz vor dem Ausfallen geerntet.

Verwendung

Frisches Dillkraut verliert beim Dörren sehr stark an Aroma. Dillsamen bietet sich als geeigneter Ersatz an. Dillsamen werden fein gemahlen oder im Mörser zerrieben und können dann wie Dillkraut eingesetzt werden: Gemüsegerichte, Salate und Suppen erhalten das typische Dillaroma auch durch die Samen. Außerdem werden Dillsamen zur Herstellung von Kräuterlikören verwendet.

Engelwurz (*Angelika archangelica*)

Besonderheiten

Die Engelwurz ist eine stattliche Gartenpflanze. Ihre Samen können in der Küche und als Heilmittel vielseitig eingesetzt werden. Da sie im Handel sehr selten erhältlich sind, lohnt sich ein Anbau im eigenen Garten. Es handelt sich um eine zweijährige Pflanze, die nach Ausreifung der Samen abstirbt. Daher muss der Bestand jährlich erneuert werden, um fortlaufend ernten zu können. Die Anzucht erfolgt aus reifen Samen, die allerdings nur sehr kurz keimfähig sind. Man säht daher am besten gleich nach der Ernte wieder aus. Die Keimung dauert ca. drei Wochen, dann wachsen sehr schnell kräftige Jungpflanzen heran.

Ernte

Die Samen der Engelwurz werden im zweiten Standjahr gebildet und sind erntereif, wenn sie schon fast von selbst von der Pflanze abfallen. Sie sind dann hell- bis dunkelbraun und haben einen feinaromatischen Duft.

Großmaschige Trocknungssiebe werden mit feinmaschiger Gaze (z. B. Insektengitter) abgedeckt, damit die kleinen Samen nicht durchrieseln.

Von der Engelwurz können Blätter, Stängel, Samen und Wurzeln verwendet werden.

Samenstand der Engelwurz mit reifen Samen.

Verwendung

Die Samen werden zermahlen und bieten in der Küche sehr viele Anwendungsmöglichkeiten: Sie verleihen Salaten, Soßen, Suppen und Likören ein ganz typisches Aroma, das ein wenig an Dill erinnert. Engelwurz wirkt verdauungsfördernd und hilft bei Appetitlosigkeit und Blähungen.

TIPP! Das sollten Sie beachten:

Engelwurz besitzt photosensibilisierende Eigenschaften. Das heißt, nach einem Kontakt der Haut mit dem Saft der frischen Pflanze kann es unter Einwirkung von Sonnenlicht zu Hautreizungen kommen. Das kann von leichten Rötungen bis hin zu starker, schmerzender Bläschenbildung reichen. Die Reizung ähnelt einer Hautverbrennung.

Gewürzfenchel (*Foeniculum vulgare*)

Besonderheiten

Fenchel ist in manchen Regionen ausdauernd und kann über mehrere Jahre geerntet werden, meist wird er aber einjährig kultiviert. Fenchelsamen reifen sehr spät, daher ist die Kultur nur in Gebieten mit warmen, trockenen Herbsttagen sinnvoll.

Ernte

Die Ernte kann dann erfolgen, wenn sich die Fenchelsamen deutlich grau-grün verfärben und sich leicht von der Pflanze lösen lassen.

Verwendung

Fenchelsamen werden als Gewürz für Brot und Gebäck sowie als Zutat in Marinaden bei der Gemüseverarbeitung verwendet. In der Medizin hilft Fenchel gegen Krämpfe und Blähungen und wird Teemischungen für Kinder als appetitanregende Zutat beigegeben.

Koriander (*Coriandrum sativum*)

Besonderheiten

Koriander ist einjährig und liebt warme Standorte.

Ernte

Geerntet wird im Hochsommer, sobald sich die Früchte deutlich braun verfärben und beim Rütteln von der Pflanze abfallen.

Verwendung

Koriander ist ein sehr vielseitiges Gewürz mit unzähligen Verwendungsmöglichkeiten. Er verleiht Brot, Kuchen und Lebkuchen ein besonderes Aroma, wird aber auch zum Würzen von Wurstwaren und Getränken verwendet.

Kümmel (*Carum carvi*)

Ernte

Sobald sich die Kümmelfrüchte braun färben und bei Fingerdruck deutlich hart anfühlen, können sie geerntet werden.

Verwendung

Kümmel wird nicht nur gerne als Gewürz für verschiedenste pikante Gerichte und Salate verwendet, sondern kommt auch in der Medizin bei Magen-, Darm- und Gallenbeschwerden zum Einsatz. Er hat eine beruhigende Wirkung und fördert die Verdauung.

BLÜTEN

Blüten ernten

Blüten werden geerntet, wenn sie voll aufgeblüht sind. Die beste Tageszeit dafür ist der späte Vormittag, wenn der Morgentau ganz abgetrocknet ist. Niemals dürfen feuchte oder regennasse Blüten gedörrt werden.

Blüten zum Dörren vorbereiten

Es werden ganze Blüten (z. B.: Kamille) oder nur die Zungenblüten (z. B.: Sonnenblume) gedörrt. Blüten müssen sofort nach der Ernte locker auf Trocknungsgittern aufgelegt werden. Wegen des geringen Wassergehaltes sind Zungenblüten bis auf einige Ausnahmen (z. B. Ringelblumenblüten und wenige andere) sehr schnell dehydriert.

Geerntete Blüten werden idealerweise in einem Dörrgerät rasch gedörrt. Dann bleibt die Farbe am besten erhalten.

Dörren bzw. Trocknen von Blüten

Nur abgezupfte Zungenblüten ohne Blütenboden können natürlich getrocknet werden. Oft reicht dafür warme Sommerluft. Dabei ist zu beachten, dass direkte Sonnenbestrahlung zu Farbverlust führt.

Wenn ganze Blütenköpfchen verarbeitet werden, können sichere Qualitätsprodukte nur mit einem Dörrgerät produziert werden. Verbleibende Restfeuchte in Blütenköpfchen durch unzureichenden Feuchtigkeitsentzug führt unweigerlich zu Schimmelbildung, der aber im Blütenboden nur schwer zu erkennen ist. Bei Blüten gilt die Regel: Maximale Dörrzeit bis zum fertigen Produkt: 24 Stunden!

Goldmelisse (*Monarda didyma*)

Ernte

Es werden regelmäßig die stark duftenden Zungenblüten abgezupft. Das Auszupfen kann über den ganzen Sommer erfolgen, denn es wachsen ständig neue Zungenblüten nach. Die getrockneten Zungenblüten müssen sehr sorgfältig vor Luftfeuchte geschützt gelagert werden, denn sie sind stark feuchtigkeitsanziehend (hygroskopisch).

Verwendung

Die Blüten bereichern mit ihrem ausgeprägten Geschmack und der dunkelroten Farbe jede Kräuterteemischung. Sie eignen sich

Blütenstand der Goldmelisse: Je öfter die Zungenblüten abgezupft werden, umso mehr wachsen nach! Die Ernte erfolgt, sobald der Morgentau ganz abgetrocknet ist.

Holunderblüten trocknen schnell, bleiben aber nur beim Dörren hellgelb. Werden sie nur an der Luft getrocknet, verfärben sich die Blüten dunkel.

auch gut zur Herstellung von Sirup, der besonders bei Kindern beliebt ist.

Besonderheiten

Auch die Blätter der Goldmelisse haben einen intensiven Geschmack und können als Tee und zur Herstellung anderer Produkte verwendet werden.

Holunderblüten (*Sambucus nigra*)

Ernte

Holunderblüten werden geerntet, sobald alle Einzelblüten einer Dolde geöffnet sind. An einem sonnigen Tag um die Mittagszeit ist die beste Erntezeit, denn dann sind die Blüten trocken. Zur weiteren Trocknung müssen die ganzen Dolden abgeschnitten und auf ein sehr feines Sieb gelegt werden.

Dörren

Die Blüten sollten nicht braun werden, dazu ist ein rasches Dörren bei möglichst niedrigen Temperaturen erforderlich. Bei natürlicher Trocknung mit wenig Luftbewegung werden die Blüten zwar auch trocken, dies geht aber oft auf Kosten der hellen, gelben Farbe. Diese ist nur dann zu erreichen, wenn für starke Luftbewegung gesorgt werden kann. Die geforderten Bedingungen sind auf Haushaltsdörrgeräten zu erfüllen. In Backöfen oder bei natürlicher Trocknung ist eine ausreichende Luftbewegung nicht zu erreichen. Daher ist diese Variante für Holunderblüten eher nicht geeignet und es empfiehlt sich auch hier das Dörren. Nach dem Dörren werden die Blüten vorsichtig von den Dolden gerieben. Dazu müssen die Blüten ganz trocken sein, die Dolden können noch leicht feucht sein.

Verwendung

Holunderblütentee, heiß getrunken, gilt als schweißtreibend und fiebersenkend. Die Blüten leisten auch gute Dienste, um Kräutertees geschmacklich aufzuwerten.

Kamille (*Matricaria chamomilla*)

Ernte

Der optimale Zeitpunkt für die Ernte ist dann erreicht, wenn sich auch im letzten Drittel des gewölbten Blütenbodens die Röhrenblüten öffnen. Bei späterer Ernte geht der Gehalt an ätherischem Öl und Chamazulen zurück (Pelzmann, S. 195).

Dörren

Das Dörren dauert bei maximal 35–42 °C 24 Stunden. Es muss darauf geachtet wer-

den, dass nicht nur die Röhrenblüten selbst, sondern auch der ganze Blütenboden vollkommen trocken wird!

Verwendung

Kamille zählt zu den bekanntesten Heilmitteln und wird seit dem Altertum verwendet. Ein Tee aus den Blüten hilft bei Beschwerden im Magen-Darm-Bereich und wird besonders bei Gastritis und Magengeschwüren empfohlen. Äußerlich kann Kamillentee bei Entzündungen und schlecht heilenden Wunden Abhilfe schaffen.

TIPP! Das sollten Sie beachten

Heißer Kamillentee wirkt anregend. Daher sollte er vor dem Schlafen nur lauwarm getrunken werden.

Kornblume (*Centaurea cyanus*)

Besonderheiten

Kornblumen waren früher sehr häufig gemeinsam mit Mohn und Kamille als Be-

Kamille ist eine der bekanntesten Heilpflanzen und wird bei einer Vielzahl von Krankheiten und Verletzungen angewendet.

gleitpflanzen in Getreidefeldern zu finden. Heute ist sie nur mehr sehr selten anzutreffen. Ursachen dafür sind Spritzungen der Getreidefelder mit chemischen Unkrautvernichtungsmitteln, aber auch die verbesserte Ernte- und Reinigungstechnik des Getreides. Dadurch haben die Samen der Kornblume kaum Chancen, auf den Feldern zu keimen. Daher lohnt sich ein Anbau der Kornblume im Garten besonders: Sie wird vor dem Aussterben bewahrt und bereichert die Landschaft mit ihren schönen blauen Blüten.

Gedörrte Kornblumenblüten, Ringelblumenblüten und Goldmelissenblüten sind ein bunter Bestandteil in Teemischungen und werden daher als „Schmuckdroge“ oder „Schönungsdroge“ bezeichnet.

Ernte

Ab Blühbeginn im Frühsommer werden mehrmals wöchentlich ganze Blütenköpfchen abgezupft.

Dörren

Sehr schnelles Dörren bei hohen Temperaturen (60 °C) ist Voraussetzung, damit die Blütenköpfchen ihre intensive Farbe behalten und nicht ausbleichen.

Verwendung

Kornblumenblüten werden als sogenannte „Schmuckdroge“ in Teemischungen eingesetzt: Durch ihre leuchtend blaue Farbe verleihen sie Teemischungen ein buntes Aussehen. Weitere Pflanzen, die als Schönungsdrogen Verwendung finden, sind: Sonnenblume (*Helinathus annuus*), Studentenblume (*Tagetes erecta*) und Malve (*Malva sylvestris*) sowie Goldmelissen-und Ringelblumenblüten.

Lavendel (*Lavandula angustifolia*)

Besonderheiten

Obwohl Lavendel kalkreiche Standorte bevorzugt, wächst er auf fast allen Böden, wenn diese eher trocken sind und keine Staunässe aufweisen. Stark gedüngte Flächen sind nicht geeignet, da die Pflanzen auf diesen Standorten keine ausreichende Winterhärte ausbilden und daher nicht frostfest sind.

Ernte

Die Triebe werden geerntet, wenn die meisten Röhrenblüten aufgeblüht sind. Dabei kann auch ein Teil des Stieles mitgeschnitten werden, keinesfalls jedoch sollte bis in den holzigen Teil der Pflanze geschnitten werden. Aus dem holzigen Teil kann Lavendel kaum mehr neue Triebe bilden. Ein kräftiger Rückschnitt im Frühjahr verhindert ein Verkahlen der Lavendelpflanzen.

Lavendelblüten werden mit den Stielen gedörrt und erst dann abgerieben.

Die Ringelblume ist eine sehr bekannte Heilpflanze mit gut erforschter und dokumentierter Wirkung.

Die Ringelblume darf in keinem Bauerngarten fehlen. Sie wird wegen ihres Aussehens und der zuverlässigen Wirkung seit jeher geschätzt und kultiviert.

Trocknung

Die Trocknung der Blüten auf den Stielen erfolgt wegen der ätherischen Öle bei geringen Temperaturen. Nach der Trocknung werden die Blüten von den Stielen gerieben, wenn sie als Gewürz oder für Teemischungen verwendet werden sollen. Für Duftsträuße, Kränze oder für die Herstellung von Trockengestecken müssen die Blüten an den Stielen bleiben.

Ringelblume (*Calendula officinalis*)

Besonderheiten

Die uralte einjährige Heilpflanze ist auch heute noch in vielen Gärten anzutreffen. Sie belohnt den Gärtner mit üppiger Blütenfülle, wenn regelmäßig die Blütenköpfchen ausgebrochen werden und dadurch die Ausbildung von Samen verhindert wird.

Ernte

Ab der Vollblüte sollten mehrmals in der Woche die vollständig geöffneten Blüten abgezupft werden. Zur Gewinnung reiner Zungenblüten werden diese sofort nach der Ernte aus den Blütenkelchen gezupft und anschließend getrocknet.

Trocknen bzw. Dörren

Zungenblüten ohne Kelch können durch natürliche Trocknung haltbar gemacht werden. Soll auch der Kelch gedörrt werden, reicht natürliches Trocknen natürlich nicht aus. Es kann dann mit Dörrgeräten oder anderen Einrichtungen nachgeholfen werden. Aber auch auf diese Weise trocknen Ringelblumenblüten sehr langsam. Bei 80 °C Dörrtemperatur bleibt die Farbe am besten erhalten. Nach dem Dörren ganzer Köpfchen können die Kelche zur Gewinnung reiner Blütenblätter abgerebelt werden.

Verwendung

Ringelblumenzungenblüten sind eine bunte Schmuckdroge in Kräuterteemischungen. Weiters können die Blüten zum Dekorieren von Speisen und Getränken verwendet werden. Als Heilpflanze ist die Ringelblume wegen ihrer entzündungshemmenden Wirkung bekannt; sie wird bei schlecht heilenden Wunden und Erkrankungen der Haut eingesetzt.

HINWEIS! Dörren ist besser

Ganze Ringelblumenblütenköpfchen mit Blütenboden und Zungenblüten trocknen sehr langsam, die Gefahr der Vermehrung von Schimmelpilzen ist während des Dörrens hoch. Aber auch bei abgezupften Zungenblüten ist der Einsatz von Dörrgeräten zu empfehlen.

Schmuckdrogen (Schönungsdrogen)

Als Schmuck- bzw. Schönungsdrogen werden gedörrte Pflanzenteile bezeichnet, die fertigen Kräuterprodukten wie z. B.: Teemischungen durch Farbe und Formen ansprechendes Aussehen verleihen sollen.

Im Österreichischen Lebensmittelbuch (Codex alimentarius austriacus Kapitel B31) zur Verwendung als Schmuckdrogen zugelassene Pflanzen:

- Anisysopblüten
- Cosmeablüten
- Dahlienblüten
- Eibischblüten
- Färberdistelblüten
- Gänseblümchenblüten
- Goldmelissenblüten
- Kamillenblüten
- Kapuzinerkresseblüten
- Königskerzenblüten
- Kornblumenblüten
- Lavendelblüten
- Lindenblüten
- Malvenblüten
- Pfingstrosenblüten
- Primelblüten
- Ringelblumenblüten
- Rosenblüten
- Rotkleeblüten
- Schafgarbenblüten
- Schlüsselblumenblüten
- Sonnenblumenblüten
- Stiefmütterchenblüten
- Strohblumenblüten
- Tagetesblüten
- Taglilienblüten
- Weißkleeblüten

VERWENDUNG ALS ARZNEIPFLANZEN

Neben der Verwendung genau definierter Pflanzenteile jeder einzelnen Arzneipflanze (siehe Pflanzenporträts ab S. 110) hat auch die entsprechende Zubereitung entscheidenden Einfluss auf die Wirksamkeit einer Pflanze. Das Ausgangsmaterial für die Zubereitung von medizinisch eingesetzten Pflanzen muss besonders hochwertig sein. Das heißt, neben den erwünschten Inhaltsstoffen darf die Belastung mit Mikroorganismen nur sehr gering sein. Bei einigen Zubereitungsformen (Kaltauszüge, Aufgüsse) werden vorhandene Keime nur unzureichend reduziert und unerwünschte Nebenwirkungen können die Folge sein.

TIPP! Das sollten Sie beachten

Wenn Heilpflanzen auch zur Behandlung von Kleinkindern oder gesundheitlich geschwächten Personen eingesetzt werden sollen, ist auf besondere Hygiene zu achten. Das beginnt beim Anbau sowie der Ernte über die richtige Trocknung hin bis zur Zubereitung. Oberstes Ziel ist die Produktion von biologisch unbedenklichen Drogen (= heilwirksame, gedörrte Pflanzen).

Aufguss (Infus)

Darunter ist die klassische Zubereitung eines Teegetränkes zu verstehen. Diese Zubereitungsform wird für Arzneipflanzen mit ätherischen Ölen verwendet. Pflanzen mit ätherischen Ölen duften stark aromatisch. Die meisten Kräuter werden bei der Teezubereitung mit (kochend) heißem Wasser übergossen und 5–7 Minuten ziehen gelassen.

Zubereitung

1 TL Drogen pro Tasse wird mit kochendem Wasser übergossen und zugedeckt. 5–10 Minuten zugedeckt ziehen gelassen. Nach dem Abseihen kann der Tee getrunken werden.

▸ REZEPTTIPP

Zur Schonung der ätherischen Öle wäre es besser, mit nur 75 °C heißem Wasser zu übergießen. Dann ist aber eine ausreichende Reduktion von eventuell vorhandenen Mikroorganismen nicht gewährleistet.

Kaltauszug (Mazerat)

Schleimstoffe sind hitzeempfindlich und werden durch Kochen zerstört. Drogen aus schleimstoffhaltigen Pflanzenteilen (z. B. Leinsamen, Wilde Malvenblüten, Eibischwurzel) dürfen nur kalt angesetzt werden und werden durch Mazeration in kaltem Wasser hergestellt. Vor dem Trinken wird der Auszug leicht erwärmt.

Zubereitung

1 TL Drogen pro Tasse mit kaltem Trinkwasser übergießen und dann 12 Stunden ziehen lassen. Anschließend den Auszug abseihen und in kleinen Schlucken trinken.

Abkochung (Dekokt)

Aus harten und holzigen Pflanzenteilen (Hölzer, Rinden und einige Wurzeln) werden die Inhaltsstoffe mittels Abkochung gelöst.

Zubereitung

Pflanzenteile im Verhältnis 1:10 werden mit kaltem Wasser angesetzt und zum Kochen gebracht. Nach 10 Minuten Kochdauer wird abgeseiht. Die Abkochung kann nach dem Abkühlen auf Trinktemperatur genossen werden.

Harte Pflanzenteile werden einige Minuten lang gekocht.

Ölauszug

Dabei erfolgt das Herauslösen der Inhaltsstoffe durch das Ausziehen in Öl.

Zubereitung

25 g gedörrte Pflanzen (Drogen) werden mit 250 ml eines hochwertigen Pflanzenöls in einem Glasgefäß übergossen. Es sollten alle Pflanzenteile mit Öl bedeckt sein. 2–3 Wochen warm, aber vor Sonnenlicht geschützt, im gut verschlossenen Gefäß extrahieren lassen. (Nur Johanniskraut soll während der Extraktion direkt von Sonnenlicht bestrahlt werden!) Während der Extraktionszeit mehrmals umrühren oder schütteln. Anschließend durch ein feines Sieb oder ein Tuch abseihen und dunkel und kühl aufbewahren. Ölige Auszüge können als Einreibungen oder als Grundlage zur Salbenherstellung verwendet werden.

WICHTIG! Direkte Sonnenbestrahlung

Pflanzenauszüge, ob mit Öl oder Alkohol, niemals in die direkte Sonne stellen! Entgegen weit verbreiteten Meinungen und Tipps, besonders im Internet und in Populärliteratur, hat die Sonneneinstrahlung negative Auswirkungen auf die wertgebenden Inhaltsstoffe!

Grundsatz für die Extraktion: Warm und dunkel.

VERWENDUNG ALS GEWÜRZ

Zur Schonung der Inhaltsstoffe während der Lagerung sollten möglichst ganze Blätter und unbeschädigte Pflanzenteile aufbewahrt werden. Erst unmittelbar vor der Verwendung werden die getrockneten bzw. gedörrten Pflanzenteile zerkleinert. So kann sich das volle Aroma der Gewürze direkt beim Kochen entfalten. Das Zerkleinern geschieht durch Zerreiben mit den Fingern, Zerstoßen im Gewürzmörser oder Zerkleinern in der Küchenmaschine. Einige Gewürzdrogen lassen sich auch in der Pfeffermühle mahlen. Es sollte nur so viel von einer Gewürzpflanze gelagert werden, wie innerhalb einer Saison verbraucht werden kann. Auf diese Weise hat man stets frische Gewürze zur Verfügung.

REZEPTE MIT GEDÖRRTEN KRÄUTERN, WURZELN, SAMEN UND BLÜTEN

LAVENDELBLÜTENZUCKER

2 Tassen gedörrte Lavendelblüten ohne Stiele
1 Tasse Feinkristallzucker

Lavendelblüten und Zucker gemeinsam in ein gut verschließbares Glas füllen und vier Wochen ziehen lassen. Anschließend den Zucker von den Blüten absieben (am besten durch ein Mehlsieb) und gut verschlossen aufbewahren.

▸ **REZEPTTIPP**

Nach diesem Rezept können auch mit anderen gedörrten Pflanzen aromatische Zuckervariationen hergestellt werden! Rosenblütenzucker, Pfefferminzzucker und Goldmelissenzucker sind nur einige Beispiele für kreative Zuckerkreationen.

SPITZWEGERICHSIRUP

50 g gedörrtes Spitzwegerichkraut
3 kg Zucker
2 l Wasser
100 g Zitronensäure

Wasser aufkochen, Zucker und Zitronensäure zugeben und Lösung vom Herd nehmen. Spitzwegerichkraut in den heißen Sirup geben und die Lösung ungefähr 12 Stunden abgedeckt ziehen lassen. Danach die Kräuter abseihen und den Ansatz auf 75 °C erhitzen. Sobald die Temperatur erreicht ist, in saubere Flaschen abfüllen und verschließen. Flaschen sofort nach Verschließen umlegen, damit auch der Verschluss an der Innenseite zur Keimabtötung durch den heißen Sirup erhitzt wird.

GEWÜRZSALZ FÜR FISCH

20 g gedörrte Petersilienblätter
20 g gedörrte Engelwurzsamen
15 g gedörrte Dillsamen
10 g gedörrtes Ysopkraut
10 g gedörrtes Liebstöckelkraut
500 g Speisesalz

Alle Zutaten werden mit einer Küchenmaschine gecuttert oder mit einem Mörser fein vermahlen.

TIPP! Grundrezept für Gewürzsalz

Für die Zubereitung von Gewürzsalz wird von einem Verhältnis von 15 % Kräutern bzw. Samen und 85 % Salz ausgegangen. Wichtig ist, Salz und Kräuter bzw. Samen gleichzeitig zu vermahlen, da das Salz die beim Zerkleinern freiwerdenden ätherischen Öle bindet. So entsteht ein besonders aromatisches Gewürzsalz. Das fertige Gewürzsalz muss luftdicht und dunkel aufbewahrt werden.

BROTGEWÜRZ

Zutaten für 1,5 kg Brotteig
10 g gedörrter Kümmel
10 g gedörrter Fenchel
5 g gedörrte Anisysopblätter (fein zerrieben)
5 g gedörrter Koriander
30 g Salz

Gewürze gemeinsam mit dem Salz in einem Mörser oder einem Cutter vermahlen.

▸ REZEPTTIPP

Diese Mischung sollte in gut verschließbaren Gefäßen aufbewahrt werden. Noch besser ist es, die Mischung immer frisch zuzubereiten. Dazu werden die Gewürze gemeinsam mit dem Getreide in der Getreidemühle vermahlen.

GOLDMELISSENSIRUP GEGEN STRESS

6 kg Zucker
100 g Zitronensäure
6 l Wasser
50 g gedörrte Goldmelissenblüten
50 g gedörrte Goldmelissenblätter

3 kg Zucker und die Zitronensäure im aufgekochten Wasser auflösen und Goldmelissenblüten und -blätter zugeben. 2 Tage zugedeckt ziehen lassen. Mehrmals umrühren, dann die Blüten abseihen, den Ansatz mit dem restlichen Zucker aufkochen. Heiß in saubere Flaschen füllen und verschließen. Flaschen sofort nach dem Verschließen umlegen. Durch den heißen Sirup werden möglicherweise vorhandene Keime an der Innenseite des Verschlusses abgetötet.

▸ REZEPTTIPP

In der Ruhe liegt die Kraft: Goldmelisse hat eine entspannende und beruhigende Wirkung. Und durch die Verwendung von gedörrten Pflanzenteilen in diesem Rezept kann die Sirupproduktion aus der Haupterntezeit an Tage verlegt werden, wenn im Garten nicht so viel zu tun ist.

ZITRONENKRÄUTERTEE

30 % gedörrte Zitronenkatzenminze
30 % gedörrte Zitronenverbene
20 % gedörrte Zitronenbasilikum
10 % gedörrte Zitronenmelisse
10 % gedörrte Sonnenblumenblüten (sorgen für eine frische gelbe Farbe)

Ein Teelöffel Kräutermischung pro Tasse mit kochendem Wasser übergießen, 5–8 Minuten zugedeckt ziehen lassen (damit nicht zu viele Inhaltsstoffe entweichen. Diese Kräutermischung schmeckt mit ihrem feinen Zitronenaroma als Eistee sehr erfrischend.

ESTRAGONESSIG

50 g gedörrtes Estragonkraut
4 EL Senfkörner
1 l Weißweinessig oder Apfelessig

Estragonkraut und Senfkörner in ein weithalsiges Gefäß füllen und mit dem Essig übergießen. Gut verschlossen 2 Monate warm, aber vor direkter Sonneneinstrahlung geschützt reifen lassen. Gelegentlich gut durchschütteln. Danach durch ein sehr feines Sieb oder ein sauberes Küchentuch abseihen und in Flaschen abfüllen.

RINGELBLUMEN-ÖLAUSZUG

25 g gedörrte, ganze Ringelblumenblüten (Zungenblüten mit Blütenboden, auch im Blütenboden sind wertvolle Inhaltsstoffe enthalten!)
250 g Bio-Sonnenblumenöl aus möglichst regionaler Produktion

Ringelblumen mit dem Öl übergießen und eine Woche warm (20–25 °C), aber nicht im direkten Sonnenlicht in einem gut verschlossenen Glasgefäß extrahieren (= ausziehen lassen). Das Gefäß mehrmals gut schütteln.

Nach der Extraktionszeit gründlich abseihen und gut verschlossen und lichtgeschützt aufbewahren.

▸ REZEPTTIPP

Die Haltbarkeit richtet sich nach der Haltbarkeit des verwendeten Öls. Dazu die Angaben des MHD (Mindesthaltbarkeitsdatum) auf der Etikette beachten.
Die Verträglichkeit von Korbblütlern für die eigene Haut ist im Zweifelsfall vor der Anwendung zu klären!

EINFACHER RINGELBLUMENBALSAM

250 g Ringelblumen-Ölauszug
25 g ungebleichtes Bienenwachs

Ölauszug auf 75 °C erwärmen, Bienenwachs zugeben und nach dem Schmelzen des Wachses sofort heiß in Salbentiegel oder Schraubverschlussgläser abfüllen und gut verschließen.

▸ REZEPTTIPP

Die Haltbarkeit des Ringelblumenbalsams richtet sich nach der Haltbarkeit des Ölauszugs!

PILZE

Da frische Pilze nur kurz haltbar sind, ist das Dörren eine hervorragende Methode der Konservierung. Pilze haben einen Wassergehalt von 90–95 %, lassen sich aber dennoch einfach dörren.

WELCHE PILZE EIGNEN SICH

Es eignen sich alle Kultur- und viele Wildpilze zum Dörren. Selbstverständlich dürfen nur jene Pilze gedörrt werden, die eindeutig erkannt und als ungiftig eingestuft wurden. Im gedörrten Zustand können die verschiedenen Pilzarten nur schwer auseinandergehalten werden. Daher ist auch auf eine sorgfältige Aufbewahrung mit eindeutiger Beschriftung zu achten. Zum Dörren werden nur unbeschädigte und möglichst saubere Pilze verwendet.

Pilze ernten und zum Dörren aufbereiten

Keinesfalls sollten die Pilze vor der Verarbeitung gewaschen werden, da dies einerseits hohe Aromaverluste bedeutet und andererseits Pilze das Waschwasser wie ein Badeschwamm aufnehmen. Das wirkt sich auf den anschließenden Trocknungsvorgang ungünstig aus. Größere Pilze werden in ca. 3–5 mm dicke Scheiben geschnitten und sorgfältig nebeneinander auf das Trocknungsgitter aufgelegt. Kleine Pilze wie Eierschwammerln (Pfifferlinge) können unzerkleinert gedörrt werden.

Dörren

Am besten ist es, Pilze in einem Dörrgerät bei 40–60 °C zu dörren.

Gedörrte Champignons sind vielfältig einsetzbar, ob für Würzsalz oder eine Pilzsuppe.

Kleine Pilze können im Ganzen gedörrt werden, große Pilze werden am besten in 3–5 mm dicke Scheiben geschnitten.

Dörrpilze verwenden

Gedörrte Pilze werden vor der Verwendung einige Zeit in lauwarmem Wasser eingeweicht und anschließend kurz im Einweichwasser aufgekocht. Das Kochwasser enthält viele Geschmacksstoffe und sollte unbedingt zur Weiterverarbeitung verwendet werden. Eine weitere Variante der Verwendung von Dörrpilzen besteht darin, diese zu Pulver zu zermahlen. Damit können Nudelgerichte, Suppen, Saucen, Fleischspeisen, Knödel und andere Gerichte gewürzt werden.

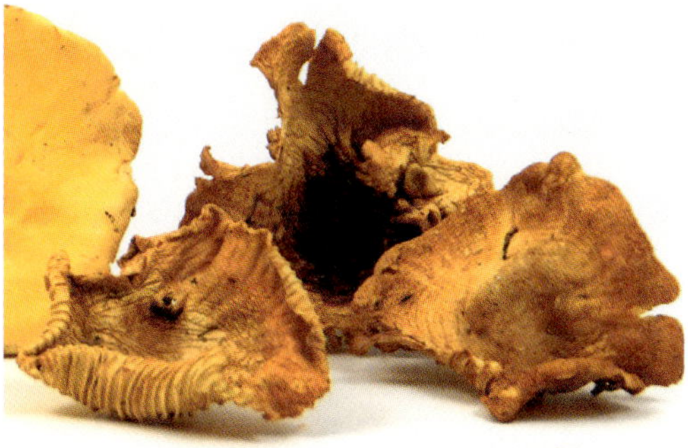

Eierschwammerln (Pfifferlinge), gedörrt: Für Pilze ist Dörren die beste Methode der Konservierung.

REZEPTE MIT DÖRRPILZEN

SCHWAMMERLPOLENTA

225 g Maisgrieß
15 g gedörrte Pilze (z. B. Eierschwammerln, Steinpilze, Champignons ...)
10 g Dörrgemüse nach Geschmack (z. B. Zwiebeln, Karotten, Petersilienwurzel, Lauch, Zucchini oder gemischt ...)
1250 ml Gemüse- oder Fleischsuppe

Maisgrieß, Pilze und Dörrgemüse in die kalte Suppe einrühren. Langsam zum Kochen bringen, dabei mehrmals umrühren. Unter ständigem Rühren so lange kochen, bis sich die Masse vom Topfboden löst. Mit Salz, Pfeffer und Butter abschmecken und servieren.

STEINPILZ-GEMÜSE-GERICHT MIT RISOTTOREIS

220 g Risottoreis
10 g gedörrte Steinpilze
20 g gedörrtes Gemüse nach Geschmack (z. B. Zwiebeln, Karotten, Zucchini, Petersilie, Lauch ...)
Salz und Pfeffer
750 ml Gemüsesuppe

Alle Zutaten in 750 ml Gemüsesuppe ca. 20–25 Minuten köcheln lassen und nach dem Abschmecken servieren.

EDÄPFELSUPPE MIT GEDÖRRTEN PILZEN

1 mittelgroße Zwiebel
650 g festkochende Erdäpfel (Kartoffeln)
30 g getrocknete Pilze nach persönlichen Vorlieben (z. B.: Steinpilze, Kräuterseitlinge, Eierschwammerln/Pfifferlinge)
2 EL Butter
1 EL Mehl
1 Schuss Essig
1 Liter Wasser oder klare Suppe (Gemüsesuppe oder Fleischsuppe)
Salz und Pfeffer
geschroteter Kümmel, Majoran, Bergbohnenkraut

Die Zwiebel fein hacken, Erdäpfel schälen und in kleine Würfel schneiden. Dörrpilze in etwas kaltem Wasser für ein paar Minuten einweichen.

Zwiebelwürfel in der Butter bräunen und dann mit dem Mehl stauben. Das ganze dunkel einbrennen, dabei stetig rühren.

Die Erdäpfelwürfel dazugeben und mit dem Essig ablöschen, dann mit 1 Liter Wasser aufgießen.

Die Gewürze und die eingeweichten Pilze (mit dem Einweichwasser) in die Suppe geben und so lange kochen, bis die Kartoffeln weich sind (das dauert ca. 25 Minuten).

QUALITÄTSSICHERUNG VON DÖRRPRODUKTEN

VORAUSSETZUNGEN FÜR GUTE QUALITÄT

Ausgangsmaterial

Nur hochwertiges Ausgangsmaterial ergibt nach dem Dörren hochwertige Endprodukte. Eine Verbesserung der Qualität im Vergleich zur Rohware durch Vorbehandlung und/oder Trocknen bzw. Dörren ist nicht möglich. Der Geschmack wird durch den Wasserentzug konzentriert. Das bedeutet aber, das schlechte Aromen und schlecht schmeckende Rohstoffe nach der Verarbeitung noch schlechter schmecken!

HINWEIS! Beste Rohware

Nur aus hochwertigen Rohstoffen können hochwertige Endprodukte erzeugt werden!

Keine Zwischenlagerung

Fast alle Rohprodukte müssen nach der Ernte so rasch wie möglich verarbeitet werden. Jede Zwischenlagerung reduziert Aroma und Inhaltsstoffe. Ausnahmen bilden nur jene Obstarten, die vor der Genussreife geerntet werden und ihren vollen Geschmack erst während der Lagerung ausbilden (manche Apfel- und Birnensorten).

Keine Farbveränderungen und Aromaverluste

Diese sind so gut wie möglich zu vermeiden, werden aber beim Trocknen bzw. Dörren für den Haushalt nicht ganz verhindert werden können. Die Farbe sollte nach dem Dörren immer arttypisch und intensiv sein, dasselbe gilt für das Aroma und den Duft. Die Produkte dürfen in keiner Phase der Verarbeitung, schimmelig oder muffig riechen.

Geringe Zerkleinerung

Bei der Vorbereitung der Rohware ist zu bedenken, dass ein hoher Zerkleinerungsgrad die Dehydration zwar vereinfacht, der Verlust an wertgebenden Inhaltsstoffen aber mit dem Zerkleinerungsgrad steigt.

TIPP! Zerkleinerung vor dem Dörren

So klein wie notwendig, aber so groß wie möglich! Der Zerkleinerungsgrad ist von der Verwendung des Dörrproduktes abhängig.

Richtige Dörrtemperatur

Auf die Einhaltung der richtigen Temperaturen beim Dörren ist zu achten. Zu tiefe Tem-

peraturen bedeuten einen zu langsamen Vorgang der Trocknung und damit die Gefahr des Verderbens schon während der Trocknung (Schimmeln und Gären). Zu hohe Temperaturen bedeuten Farbveränderungen und Vitaminverluste sowie ein Aufplatzen der Früchte und einen damit verbundenen Saftaustritt. Ebenso besteht bei hohen Temperaturen die Gefahr des Verhornens, die wiederum eine starke Einschränkung der Wasserabgabe verursacht. Das Trocknungsgut selbst (hier ist nicht die Trocknungsluft gemeint!) sollte nicht heißer als 55 °C werden.

Wassergehalt nach dem Dörren

Dörrprodukte sind ohne Konservierungsstoffe langfristig haltbar, wenn der Wassergehalt unter 13 % liegt. Bei diesen Produkten ist die chemische, enzymatische und mikrobiologische Aktivität weitgehend gehemmt. Die Erzeugung von sogenannten Softprodukten (weiches Dörrobst) ist ohne chemische Konservierung kaum möglich. Softprodukte werden als „teilweise getrocknete Produkte“ oder „Lebensmittel mittlerer Feuchte“ bezeichnet und weisen einen Wassergehalt von 30–50 % Restfeuchte auf.

ABLAUFSCHEMA UND GEFAHRENPUNKTE BEIM TROCKNEN BZW. DÖRREN

In vielen lebensmittelverarbeitenden Betrieben wird die Erstellung eines HACCB (Hazard Anaysis Critical Control Point) Konzeptes verlangt. Es handelt sich um eine Gefahrenanalyse, mit der die kritischen Kontrollpunkte ermittelt und beherrscht werden sollen. Die folgende Tabelle soll die Erkennung von Gefahrenpunkten, deren Auswirkung und die Vermeidung möglicher negativer Auswirkungen im Verlauf des Herstellungsprozesses erleichtern.

In der Tabelle ist immer von „Trocknung“ die Rede, weil dieser Terminus in diversen Literaturstellen vorherrschend ist. Tatsächlich ist aber immer „Dörren“ gemeint.

So geht’s

Prozess-stufe	Gefahrenpunkt	Auswirkung	Vermeidung
Anbau	von pflanzlichen Produkten die nicht in Verkehr gebracht werden dürfen	Produkt darf laut Gesetz nicht in Verkehr gebracht werden	Kenntnis der entsprechenden gesetzlichen Vorschriften für das jeweilige Land (Lebensmittelbuch)
Ernte	Verschmutzung bei der Ernte	Verunreinigungen der Ernteprodukte durch Staub, Sand, Steine etc. erhöhte Keimzahlen schon bei der Ernte	nicht bei oder unmittelbar nach Regen ernten Kräuter nicht zu tief schneiden bei der Ernte keinen Staub aufwirbeln nur sauberes Fallobst aufsammeln, eventuell Schutzmatten auflegen

Prozess-stufe	Gefahrenpunkt	Auswirkung	Vermeidung
Ernte	Ernte falscher Pflanzenteile (Mit-)Ernte falscher Pflanzen z. B.: Beikräuter	mögliche Kontamination mit Giftstoffen Pyrrolizidinalkaloide (PA)	genaue botanische Kenntnisse über Pflanzen und ihre Wirkstoffe im Kräuteranbau auf beikrautfreie Bestände achten selektiv ernten
Ernte	falscher Erntezeitpunkt, Ernte unreifer/überreifer Pflanzen	wenig Aroma und wertgebende Inhaltsstoffe	Kenntnis über den optimalen Reife- und Entwicklungszustand gute Zeitplanung der Ernte
Wildsammlung	Sammlung giftiger Pilze oder giftiger Kräuter	Vergiftungen bis hin zum Tod	genaue Kenntnis des Erntegutes
Zwischenlagerung	Überlagerung Erhitzen durch direkte Sonneneinstrahlung Selbsterhitzung der geernteten Pflanzen durch beginnende Fermentation	Rückgangder Inhaltsstoffe durch Atmungsverluste starker Rückgang der wertbestimmenden Inhaltsstoffe Farb- und Aromaverluste	möglichst sofort nach der Ernte verarbeiten
Zwischenlagerung	Verschmutzung nach der Ernte bei der Zwischenlagerung Anstieg der Keimzahl während der Lagerung	biologischer Verderb	nur auf geeigneten Böden und in geeigneten Gefäßen zwischenlagern (kein Naturboden!) so kurz, so kühl und so sauber wie möglich zwischenlagern keine nassen (Regen oder Tau) Pflanzen ernten
Reinigung	Auswaschen von wasserlöslichen Inhaltsstoffen (z. B. Vitamine) Kontamination mit Pathogenen (krankheitsauslösenden Keimen)	Qualitätsverringerung des Endproduktes; weniger Aroma, geringer Wirkstoffgehalt unbrauchbare Endprodukte	Kräuter nicht waschen Reinigung nur mit sauberen Geräten in sauberen Räumen mit Trinkwasser
Aufbereitung	Verlust an Vitaminen und ätherischen Ölen durch zu starke Zerkleinerung	Qualitätsverringerung des Endproduktes, weniger Aroma, geringer Wirkstoffgehalt	nur so weit zerkleinern wie absolut notwendig ist

Prozess-stufe	Gefahrenpunkt	Auswirkung	Vermeidung
Trocknung	Erhöhung der Gesamtkeimzahl durch zu lange Trocknungszeit Verschimmeln während der Trocknung Kontamination mit Mikroorganismen durch unsaubere Geräte und Trocknungseinrichtungen	Trocknungsgüter werden durch Aflatoxine verunreinigt verkehrsfähige bis gesundheitsgefährdende Produkte	so rasch wie möglich und mit geeigneten Temperaturen dörren Maschinen, Anlagen und Räume in hygienisch einwandfreiem Zustand erhalten, besonders auf die Trocknungsgitter achten und nur geeignete Materialien verwenden, keine Pflanzenreste in den Trocknungsanlagen zurücklassen
Trocknung	Befall mit Schädlingen Verschmutzung durch Haustiere	Produkt darf nicht in Verkehr gebracht werden	Insektenschutzgitter verwenden und nur in geeigneten Räumen dörren Haustiere von Betriebsstätten fernhalten
Trocknung	Qualitätsverlust durch Übertrocknen	Rückgang der Inhaltsstoffe	nur so lang dörren, bis eine ausreichende Haltbarkeit gewährleistet ist; den Trocknungsvorgang ständig überwachen und rechtzeitig beenden
Trocknung	zu hohe Trocknungstemperaturen	Verlust an wertbestimmenden Inhaltsstoffen (besonders ätherische Öle) Verbrennen der Ware (besonders beim Dörren im Backofen) Farbveränderungen	richtige Trocknungstemperatur wählen und einhalten
Trocknung	Kreuzkontaminationen durch Allergene	große Gefahr für Allergiker	keine Pflanzen aus der Liste der Allergene verarbeiten oder auf genaueste Reinigung der Betriebseinrichtungen achten
Verpackung	ungeeignete Verpackungsmaterialien	Qualitätsverluste des Endproduktes	Konformitätserklärungen für Verpackungsmaterialien beachten
Verpackung	Kondenswasserbildung durch Verpackung warmer Dörrprodukte	muffiger Geschmack, Schimmelbildung	Dörrprodukte vor dem Verpacken auskühlen lassen

Prozess-stufe	Gefahrenpunkt	Auswirkung	Vermeidung
Verpa-ckung	unerwünschte Farb-veränderungen	Ausbleichen von Dörr-produkten	Dörrprodukte in geeigneten Mate-rialien verpacken möglichst dunkel lagern
Verpa-ckung	hohe Lagertempe-raturen zu lange Lagerzeiten	Qualitätsverlust	möglichst kühl lagern wenn möglich nur bis zur nächs-ten Ernte lagern
Verpa-ckung	Schädlingsbefall	Kontamination mit Keimen und Kot Insektengespinste	in geeigneten Räumen lagern und diese laufend auf Schädlinge kontrollieren

Bauliche & technische Voraussetzungen

Anforderungen

- Sämtliche Oberflächen in Verarbeitungs- und Lagerräumen sind leicht zu reinigen und zu desinfizieren. Es gibt keine saugenden Oberflächen und Fugen.
- Böden, Wände und Decken sowie Fenster und Türen inklusive Rahmen sind in einwandfreiem Zustand. Sie sind leicht zu reinigen und zu desinfizieren, Insektenschutzgitter an Außenfenstern sind vorhanden. Schädlinge sind leicht aufzufinden und zu entfernen. Auf Böden ist keine Pfützenbildung möglich (Pfützen sind ideale Vermehrungsorte für viele Mikroorganismen).
- Kühl- und Tiefkühleinrichtungen sind in einwandfreiem Zustand. Sie können leicht gereinigt und desinfiziert werden. An den Geräten und deren Dichtungen ist kein Schimmelbefall erkennbar. Temperaturanzeigen stimmen mit der tatsächlichen Temperatur überein.
- Es gibt Handwaschbecken mit Warmwasser und Reinigungsmitteln. Hygienische Möglichkeiten zum Abtrocknen der Hände sind vorhanden (keine Handtücher aus Stoff).
- Für sämtliche Reinigungsarbeiten muss einwandfreies frisches Trinkwasser vorhanden sein.
- Es müssen geeignete Möglichkeiten vorhanden sein, um Werkzeuge und Arbeitsgeräte (Messer, Dörrgitter etc.) sachgerecht zu reinigen und anschließend zu trocknen.
- Lebensmittelabfälle (biogene Abfälle wie Schalen, Kerne, Stängel etc.) und andere Abfälle werden in getrennten, verschließbaren Behältern gesammelt. Abfallbehälter werden mindestens einmal täglich entleert (besonders „vergessene“ biogene Abfälle sind „Anzuchtorte“ von Mikroorganismen).
- Ungereinigte Rohwaren können getrennt von fertig bearbeiteten Produkten aufbewahrt werden. Sogenannte Kreuzkontaminationen werden dadurch verhindert.
- In Räumen, die der Verarbeitung von pflanzlichen Produkten dienen, werden keine tierischen Lebensmittel bearbeitet oder gelagert.
- Räume für Lebensmittel sind von Stallungen, Dunglagerstätten und Toilettenanlagen räumlich getrennt. Es darf kein direkter Zugang zwischen Toiletten und Verarbeitungsräumen gegeben sein.

- Tiere werden aus Betriebsstätten und Lagerräumen ferngehalten.
- Es werden nur Materialien und Behälter verwendet, die für die Berührung mit Lebensmitteln zugelassen sind.

AUFBEWAHRUNG UND LAGERUNG VON DÖRRPRODUKTEN

Auskühlen lassen

Wird das Trocknungsgut zu früh, also noch warm verpackt, kann es zu „schwitzen" beginnen und dadurch zu Schimmelbildung und zu muffigem Geschmack führen.

In trockener Umgebung

Getrocknete und gedörrte Lebensmittel nehmen aus der Luft wieder Feuchtigkeit auf, daher müssen sie in trockenen Lagerräumen untergebracht werden. Besonders trifft das auf Pulver aus Trockenprodukten zu. Diese sind sehr hygroskopisch (wasseranziehend). Die Restfeuchte ist optimal bei 12 % und darf maximal 15 % betragen. Das Verpackungsmaterial muss luftdicht verschließbar sein und darf selbst keine Feuchtigkeit anziehen. Sehr gut erfüllen Glasdosen mit Schraubverschluss oder verschweißbare Kunststoffsäckchen die erwünschten Eigenschaften.

Möglichst dunkel

Unter Lichteinwirkung, damit ist nicht nur direktes Sonnenlicht, sondern auch künstliche Beleuchtung in Lager- und Verkaufsräumen gemeint, treten Farbveränderungen auf. Trocknungsprodukte bleichen aus, und wertgebende Inhaltsstoffe werden zerstört. Daher sollte unbedingt für dunkle Lagerbedingungen gesorgt werden. Zur Schonung des Produktes wären dunkle Gläser und lichtundurchlässige Säckchen wünschenswert.

Möglichst kühl

Auch bei getrockneten bzw. gedörrten Produkten begünstigt eine kühle Lagerung den Erhalt der Inhaltsstoffe. Eine Lagertemperatur zwischen 0 und 12 °C ist ideal. Die meist warme und oft auch feuchte Küche ist daher kein guter Lagerraum, Kellerräume sind nur geeignet, wenn sie absolut trocken sind!

Übersichtlich

Eine ständige Kontrolle auf Schimmelpilze und tierische Schädlinge kann vor bösen Überraschungen bewahren. Schimmelpilze oder Schädlinge müssen sofort erkannt werden, damit eine Ausbreitung auf weitere Produkte oder Rohstoffe verhindert werden kann. Befallene Produktchargen müssen sofort aus dem Lager entfernt und vernichtet werden. Lagerbehälter werden deutlich lesbar mit dem Namen des Inhaltes und dem Datum der Ernte oder der Verarbeitung beschriftet. Getrocknete Produkte sind in vielen Fällen nicht einfach voneinander zu unterscheiden.

Kurz

Die Lagerdauer sollte so kurz wie möglich sein, eine Lagerung über mehrere Jahre ist nicht sinnvoll. Wenn möglich, sollten alle Vorräte bis zur nächsten Ernte aufgebraucht werden. Längere Lagerzeit bedeutet eine verringerte Qualität. Das ist besonders beim Aroma und der Farbe zu bemerken.

Fest verschließbare Weißblechdosen mit Spannring, sogenannte „Hobbocks“, sind ideal für die Lagerung von Trocken- und Dörrprodukten.
© Kräuterbauer

In geeigneten Lagerbehältern

Am besten für die Lagerung von gedörrten Lebensmitteln sind Hobbocks (Weißblechdosen mit Verschlussdeckel und Spannring) geeignet. Diese Aufbewahrungsbehälter gibt es aus europäischer Produktion und mit Lebensmittelzulassung in verschiedenen Größen.

Eigenschaften

- Material: Weißblech (verzinntes Stahlblech)
- innen und außen blank
- lebensmittelecht mit Zertifikat
- leicht konisch, daher übereinander stapelbar und ineinander nestbar
- mit klappbaren Handgriffen an der Seite
- große Öffnung für leichtes Befüllen, Entleeren und gute Übersichtlichkeit der gelagerten Produkte
- lichtdicht und für mottensicher
- nicht für Lagerung von feuchten Produkten oder in feuchten Lagerräumen geeignet
- Hobbocks sind in den Größen 3 l, 5 l 10 l, 20 l und 30 l Füllvolumen erhältlich

WICHTIG! Direktvermarkter: beachten

Für alle Materialien zur Lagerung von Lebensmitteln muss ein Zertifikat vorliegen, das die Lebensmittelechtheit bestätigt. Andere Materialien dürfen nicht verwendet werden!

Erforderliche Größe des Lagerraumes

Pro Kubikmeter (m^3) Lagerraum können gelagert werden:

- 70 kg Blattdrogen unzerkleinert
- 250 kg Blattdrogen zerkleinert
- 300 kg Körnerdrogen

VERKAUFSVERPACKUNGEN FÜR DÖRRPRODUKTE

Anforderungen an die Verpackungen

Verkaufsverpackungen für Dörrprodukte müssen zur bestmöglichen Schonung des Produktes beitragen. Das Produkt muss in der Verpackung vor Schädlingen, Lichteinwirkung und Luftfeuchtigkeit geschützt werden. Diese Bedingung erfüllen undurchsichtige, fest und luftdicht verschließbare Verpackungen am besten.

Allerdings werden Produkte vom Konsumenten bevorzugt gekauft, wenn der verlockende Inhalt sichtbar ist und zum Zugreifen verleitet. Die beiden Bedingungen für die ideale Verpackung stehen also im Widerspruch. Es muss daher bei der Auswahl der Produktverpackung ein Kompromiss zwischen optischem Kaufanreiz bei größtmöglicher Produktschonung gefunden werden.

Glasverpackungen aus Klarglas erfüllen die meisten Anforderungen perfekt, bieten aber keinen Lichtschutz des Produktes! Der notwendige Lichtschutz betrifft sowohl

Es gibt viele Möglichkeiten, Dörrprodukte für den Verkauf zu verpacken: Dabei muss ein Kompromiss zwischen Schonung des Produktes und ansprechender Präsentation gefunden werden.

Sonnenlicht als auch künstliche Lichtquellen: Wenn Dörrprodukte im Hofladen vor Sonnenlicht geschützt nur der künstlichen Beleuchtung ausgesetzt werden, sind die Farb- und Aromaverluste dennoch sehr hoch. Verpackungen aus Klarglas dürfen also nur für Produkte verwendet werden, die häufig umgeschlagen und nicht lange dem Licht ausgesetzt werden.

Ein guter Kompromiss ist das Verpacken in Materialien mit Lichtschutz und Sichtfenster zur Präsentation des Inhalts. Ohne Sicht auf das Produkt sind Impulskäufe fast ganz ausgeschlossen, auch wenn der Inhalt die höchste Qualität aufweist!

VORRATSSCHÄDLINGE

Es gibt eine große Zahl an Schädlingen, die in der Produktion von Dörrprodukten vom Anbau über die Lagerung bis zur Vermarktung große Probleme verursachen können. Hier sollen nur jene Vertreter näher behandelt werden, die als häufige Vorratsschädlinge bei der Lagerung von Dörrprodukten vorkommen. Wenn ein Befall mit Schädlingen nicht ausreichend verhindert werden kann oder das Auftreten nicht bald erkannt wird, kann der gesamte Lagerbestand gefährdet sein. Befallene Produkte sind nicht „verkehrsfähig“ und müssen vernichtet werden. Beim ersten Anzeichen von Befall mit Schädlingen können die tierischen Schädlinge durch Einfrieren getötet werden.

Insekten

Essigfliege (*Drosophila ssp.*)

Essigfliegen werden auch als Fruchtfliegen oder Taufliegen bezeichnet. Es sind kleine, 2–3 mm lange, gelbbraune Fliegen. Sie bevorzugen gärende, vergorene oder faulende pflanzliche Substanzen. Dort kommt es dann zur Ablage der Eier. Die Maden ernähren sich von den verrottenden pflanzlichen Substanzen und von den dort gebildeten Bakterien, Hefen und Pilzen.

Größere Probleme treten besonders bei zu langer Lagerung von Rohwaren in den warmen Sommermonaten auf. Wenn bei natürlicher Trocknung sehr geringe Temperaturen vorherrschen und der Trocknungsvorgang zu langsam verläuft, können an feuchten Pflanzenteilen während der Trocknung Gärprozesse eintreten. Dort ist ein Befall mit Essigfliegen fast vorprogrammiert. Der Trocknungsvorgang muss dann abgebrochen und die Ware weggeworfen werden. Bei zügiger künstlicher Trocknung bereitet die Essigfliege keine Probleme. Temperaturbereiche über 30 °C werden von ihr gemieden.

Aufgrund ihrer Vorliebe für Obst können die Fliegen lästig werden. Vor allem in obstverarbeitenden Betrieben sind sie häufig ein Problem. Aber auch im häuslichen Bereich, an Obstschalen oder Biotonnen, können sie sehr unangenehm sein. Sie übertragen Mikroorganismen wie Hefepilze und Essigbakterien, die die Nahrungsmittel zersetzen.

Probleme treten vor allem bei zu langer Lagerung von Rohware auf.

Wespe (*Paravespula germanica u. vulgaris*)

Die Wespe stellt stellt nur dann ein Problem dar, wenn sie ungehindert an zuckerhaltige Produkte gelangen kann. Normalerweise setzen die Wespen ihren Stachel bei Menschen nur in Not, sprich zur Verteidigung ein.

Ihre Stiche sind sehr schmerzhaft und für Menschen mit einer Wespengiftallergie eine große Gefahr. Wespen flüchten vor Zugluft und sind daher bei Trocknungsanlagen mit starker Luftbewegung kein Problem. Bei natürlicher Trocknung von Obst müssen die in freier Natur als Nützlinge sehr wichtigen Insekten mit Schutznetzen ferngehalten werden. Vor natürlicher Trocknung ist aber aus vielen bereits genannten Gründen grundsätzlich abzuraten.

Gemüse und Kräuter werden wegen des geringen Zuckergehaltes von Wespen kaum angeflogen.

Nahrungsmittelmotten

Die Nahrungsmittelmotten haben sich zu den häufigsten Schädlingen in Industrie, Handel und Haushalten entwickelt. Die Falter haben eine Flügelspannweite von 20 mm. Der körpernahe Teil der Vorderflügel ist gelbgrau, die Flügelspitze rotbraun bis kupferrot. Ein Weibchen legt 200 bis 400 Eier. Die Larven werden bis 16 mm groß und variieren in der Farbe je nach Nahrung von weißlich nach grünlich oder rötlich. Lebensmittelmotten befallen alle Arten von trockenen Lebensmitteln. Man findet sie häufig bei Dörrobst, Nüssen, Schokolade, Getreide, Gewürzen. An frischen Lebensmitteln finden sie keinen Gefallen, daher sind diese Lebewesen im Gegensatz zu den oben beschriebenen Insekten als echte Vorratsschädlinge zu bezeichnen. Beim Getreide fressen die Larven die Keimanlage der Körner heraus; an Lebensmitteln findet man Lochfraß. Die Nahrungsmittel werden durch Spinntätigkeit und Kotkrümel stark verunreinigt. Lebensmittelmotten bevorzugen Wärme und sind daher besonders im Sommer, aber auch in warmen Wohnungen häufig aktiv. Kühle Lagerung von Dörrprodukten ist eine wichtige Maßnahme zur Eindämmung dieser Schädlinge. Unter 5–8 °C treten kaum Probleme auf. Motten können sich durch verschiedenste Verpackungsmaterialien bohren und gelangen durch sehr enge Ritzen. Daher sind auch Produkte in Behältnissen mit Schraubverschluss nicht sicher. Bei geringem Befall wirkt die Aufstellung von Pheromon-Lockstofffallen. Bei starkem Befall kann mit diesen Fallen allerdings lediglich ein Auftreten der Schädlinge diagnostiziert werden.

Dörrobstmotte (*Piodia interpunctella*)

Merkmale: Nach vorne gerichtete Palpen (Taster an den Mundwerkzeugen); beigekupferrote Farbe, 8–11 mm lang.

Lebensweise: Die Weibchen legen bis zu 500 weiße, zitronenförmige Eier direkt in das Dörrgut. Die Larven können auch in ungeheizten Räumen überwintern und setzten bei günstigeren Temperaturbedingungen ihren Lebenszyklus fort. Die Falter leben ca. 14 Tage.

Die Ei-Larve kann in viele Verpackungsmaterialien eindringen, und Wanderlarven durchnagen diverse Materialien, um abzuwandern.

Nahrung: alle Dörrprodukte insbesondere Dörrobst, Nüsse, Gewürze.

Dörrobstmotten können ganze Lagerbestände vernichten

Schadbild: Gespinste in Dörrprodukten sind erste Anzeichen für einen Befall mit Dörrobstmotten. Der Befall ist meist ungleichmäßig in den Lagerbehältern und Verkaufsverpackungen verteilt und eher an der Oberfläche der Packung oder des Lagerbehälters zu finden.

Vorbeugung und Bekämpfung: Zuflug von außen durch Insektendichte Lager- und Verarbeitungsräume verhindern; Pheromonfallen zur Überwachung aufstellen; Lagertemperatur unter 15 °C halten; widerstandfähige Lager- und Verpackungsmaterialien verwenden (Porengröße unter 0,1 mm)!

Kältebehandlung: besonders Eier können nur bekämpft werden, wenn sie mehr als eine Stunde Temperaturen unter -18 °C ausgesetzt sind. Daher sollten die Tiefkühlzeiten, die in der Tabelle auf der nächsten Seiten angegeben sind, unbedingt eingehalten werden.

Tiefkühlen der Dörrprodukte

Dörrobstmotte Entwicklungsstadium	Einwirkzeit in Minuten zur vollständigen Abtötung		
	-10 °C	-14 °C	-18 °C
Eier	über 500	über 300	über 70
Larve	über 400	über 150	über 40
Puppe	über 300	über 100	über 35
Falter	über 260	über 40	über 24

HINWEIS! Minustemperaturen gegen Dörrobstmotte

Erst bei einer Temperatur von unter -18 °C und einer Einwirkzeit von etwas mehr als einer Stunde sind alle Entwicklungsstadien der Dörrobstmotte mit Sicherheit eliminiert. Die Angaben beziehen sich aber nicht auf die Verweildauer des Produktes im Gefrierschrank, sondern auf das jeweilige Entwicklungsstadium der Motten im Innersten des Produktes. Ist die Temperatur höher als -18 °C, muss für eine erfolgreiche Bekämpfung die Einwirkzeit deutlich verlängert werden.

Weitere Mottenarten, die Dörrprodukte befallen

- Mehlmotte (*Ephestia kuehniella*)
- Speicher-, Heu- und Kakaomotte (*Ephestia elutella*)
- Dattelmotte (*Ephestia cautella*)

Nagetiere

Hausmaus (*Mus musculus, Mus domesticus*), Hausratte (*Rattus rattus*), Wanderratte (*Rattus norvegicus*)

Mäuse und Ratten sind häufig anzutreffen und Schädlinge in allen Lebensbereichen. Sie haben eine große Anpassungsfähigkeit und sind das ganze Jahr über in Lagerräumen und Wohnungen aktiv. Nur tiefgekühlte Vorräte sind sicher. Lebensmittel werden verunreinigt und sind für den menschlichen Verzehr nicht mehr geeignet. Darüber hinaus werden von diesen Nagetieren Krankheiten übertragen. Sie müssen unbedingt von Verarbeitungs- und Lagerräumen ferngehalten werden, und bei ersten Anzeichen von Mäusen und Ratten sind unverzüglich Gegenmaßnahmen einzuleiten. Für die Bekämpfung ist ein übersichtliches und sauberes Lager Voraussetzung. Es dürfen keine Spalten und Ritzen als Fluchtort dienen. Bei stärkerem Befall sollte an die Hilfe durch einen professionellen Schädlingsbekämpfer gedacht werden.

HINWEIS! Krankheitsüberträger

Mäuse und Ratten können Krankheiten übertragen und sind unbedingt aus Lager- und Verarbeitungsräumen fernzuhalten.

INVERKEHRBRINGEN VON GEDÖRRTEN LEBENSMITTELN

WICHTIG! Das sollten Sie beachten

„Inverkehrbringen" heißt: Das Bereithalten von Lebensmitteln für Verkaufszwecke oder jede andere Form der Weitergabe an Dritte, gleichgültig, ob entgeltlich oder nicht. Das heißt, auch das Verschenken von Produkten oder Anbieten von Kostproben ist eine Form des Inverkehrbringens!

Kennzeichnung

Werden Lebensmittel „in Verkehr gebracht", müssen folgende Elemente auf dem Etikett gut lesbar aufgedruckt sein (Grundlage ist die „LMKV" = Lebensmittelkennzeichnungsverordnung, siehe auch www.ris.bka.gv.at, in der jeweiligen für das betreffende Land gültigen Fassung):

- Verkehrsbezeichnung = Name des Lebensmittels, z. B. Trockenäpfel oder Dörräpfel
- Name und Anschrift des Erzeugers oder Verkäufers
- Zutatenverzeichnis: erforderliches Wort: „Zutaten"; sämtliche Zutaten und Zusatzstoffe und Inhaltsstoffe von zusammengesetzten Zutaten; in absteigender Reihenfolge
- bei nur einer Zutat ist kein Zutatenverzeichnis erforderlich (z. B. Dörräpfel)
- Zutaten, die Allergien auslösen können, sogenannte allergene Stoffe:
  - glutenhaltiges Getreide (Weizen, Roggen, Gerste, Hafer, Dinkel, Kamut)
  - Eier, Milch, Fisch
  - Erdnüsse, Soja, Schalenfrüchte (Mandel, Haselnuss, Walnuss, Cashewnuss, Pecannuss, Paranuss, Pistazie, Macadamianuss und Queenslandnuss)
  - Sellerie, Senf, Sesamsamen
  - Schwefeldioxid und Sulfite in einer Konzentration von mehr als 10 mg/kg oder 10 mg/l, als SO2 angegeben
- Mengenkennzeichnung von Zutaten in % (QUID-Regelung): Bei textlich oder bildlich hervorgehobenen Zutaten (z. B. Kräutertee mit Ringelblume), außer, die Zutat ist geringer als 5 %.
- Mindesthaltbarkeitsdatum oder Verbrauchsdatum: Wortlaut: „Mindestens haltbar bis ..."
- Füllmenge in Gramm bzw. Litern. Ausnahme: Angabe der Füllmenge ist auf der Verpackung deutlich aufgedruckt. Das ist bei Flaschen und Gläsern oft der Fall.
- Alkoholgehalt: bei Getränken mit mehr als 1,2 Vol-% Alkohol.
- Loskennzeichnung: Bezeichnung der Chargennummer. Der Chargennummer muss der Buchstabe L: vorangestellt werden. Die Chargennummer dient dazu, eine Produktions-Charge eindeutig zu identifizieren. Die Chargennummer kann beliebig gewählt werden, sie muss aber mit den Aufzeichnungen über die Produktion übereinstimmen. Die Loskennzeichnung kann nur entfallen, wenn MHD (Mindesthaltbarkeitsdatum) tagesgenau angegeben wird (z. B. mindestens haltbar bis: 18. April 2023 oder 18.04.2023)

Alle Arbeitsschritte, vom Anbau bis zum Verkauf eines Produktes, müssen nachvollziehbar sein. Eine sehr genaue Dokumentation ist daher unerlässlich.

Bestimmung des Mindesthaltbarkeitsdatums (MHD)

Jeder Erzeuger von Lebensmitteln muss das Mindesthaltbarkeitsdatum in eigener Verantwortung festlegen. Das Datum ist so festzulegen, dass das Produkt innerhalb der Ablauffrist die vom Konsumenten erwarteten Eigenschaften besitzt und keinesfalls gesundheitsschädlich ist. Das heißt im konkreten Fall von Trocken- und Dörrprodukten:

Geschmack, Geruch, Aussehen und Konsistenz müssen für das einwandfreie Produkt typisch sein und dürfen sich innerhalb des Mindesthaltbarkeitszeitraumes nicht wesentlich verändern. Bei Dörrprodukten ist ein MHD bis zu einem Jahr ab der Ernte empfehlenswert.

WICHTIG! Vorschriften in Erfahrung bringen

Vor dem Inverkehrbringen müssen die aktuell im jeweiligen Erzeugungsland gültigen gesetzlichen Vorschriften bekannt sein und beachtet werden (siehe ab S. 169). Die Angaben in diesem Fachbuch sind lediglich Empfehlungen und dienen nur zur groben Orientierung. Sie sind nicht rechtsverbindlich!

VERGLEICH VERSCHIEDENER DÖRRGERÄTE

DÖRRGERÄTE, SOLARTROCKNER, KONDENSATIONSENTFEUCHTER

Dörrgerät mit vertikaler Belüftung, z. B. Stöckli Dörrex

Der Stöckli Dörrex zählt zu den ältesten am Markt erhältlichen Dörrgeräten. Seit vielen Jahrzehnten ist dieser bewährte Dörrautomat in vielen Haushalten im Einsatz. Sein Erfolg liegt in der Einfachheit der Bedienung und Zuverlässigkeit im Betrieb und nicht zuletzt im geringen Platzbedarf bei dennoch großer Dörrfläche. Das Gerät besteht aus einem Unterteil mit einem leisen, aber kräftigen Gebläse und Heizelement. Die Temperatur kann im Bereich von **25–70 °C** eingestellt werden. Es gibt einfache Modelle ohne Timer und eine etwas teurere Variante mit einer Zeitschaltuhr mit bis zu 12 Stunden Betriebszeit. Über dem Gehäuse werden bis zu 10 Dörrsiebe, wahlweise aus feinmaschigem Edelstahlgitter oder Dörrgitter aus Polypropylen aufgestapelt. Das Dörrgut wird vom Luftstrom vertikal, also von unten nach oben durchströmt. Als Zubehör sind Silikonmatten für klebriges Dörrgut und Fruchtleder erhältlich. Darüber hinaus gibt es Distanzringe für die Gittereinsätze. Damit können auch Kräuter und Blüten mit größerem Volumen einfach gedörrt werden. Die Distanzringe lassen den Dörrex zum Gerät mit vielen nützlichen Funktionen werden. Es haben dadurch Gläser zur Joghurtbereitung in den Dörrsieben Platz oder Teige können bei einer bestimmten vorgewählten Temperatur gehen.
Ein Dörrgitter hat 33 cm Durchmesser und somit eine Fläche von 0,08 m^2.

Darauf passen ca. 500 g Obst, 400 g Gemüse oder 55 g Kräuter.

Stöckli Dörrautomat mit Distanzringen ohne Gitter und Dörrgittern aus Kunststoff und Edelstahl. Beide Varianten sind laut Hersteller spülmaschinenfest bis 55 °C.

WARTMANN®
CAUTION
Do not touch

Der Stöckli Dörrex im Praxistest

Dörrgut	Rohware	Tempe-ratur	Dörrzeit	Stromver-brauch	Endprodukt
Äpfel	500 g Scheiben 4mm Schnittstärke, ungeschält	70 °C	5,5 Stunden	2,72 kwh	82 g Dörräpfel

Dörrgerät mit horizontaler Belüfung, z. B. Wartmann WM 2110 DH

Der Wartmann Dörrautomat ist zur Gänze aus Edelstahl gefertigt und zählt dadurch zu den hochwertigen Vertretern seiner Bauart. Er hat einen leisen, aber sehr leistungsstarken Lüfter, der bis zu 10 Edelstahleinschübe gleichmäßig belüftet. Die Temperatur kann von **25–90 °C** eingestellt werden und wird auch konstant gehalten. Das Bedienfeld ist im Gegensatz zum einfacheren Stöckli Dörrex als modernes elektronisches Element ausgeführt und an der Gerätevorderseite angeordnet. Dadurch kann das Gerät auch in eine Nische integriert werden, und es können bei Bedarf mehrere Geräte übereinandergestapelt werden. Der eingebaute Timer lässt sich in 30-Minuten-Schritten bis zu 72 Stunden programmieren. Der WM 2110 DH hat auch eine Innenbeleuchtung.

Wartmann Dörrgerät: eines der wenigen Dörrgeräte, das ganz aus Edelstahl gefertigt ist

Der Wartmann WM 2110 DH im Praxistest:

Dörrgut	Rohware	Tempe-ratur	Dörrzeit	Stromver-brauch	Endprodukt
Äpfel	500 g Scheiben 4mm Schnittstärke, ungeschält	70 °C	6 Stunden	2,89 kWh	78 g Dörräpfel

Technische Daten dreier Modelle

	Stöckli Dörrex	Wartmann WM 2110 DH	Wartmann WM 1912 DH
Abmessungen L x B x H	Durchmesser 33,5 cm	38,5 x 34,5 x 42,7 cm	47 x 57 x 58 cm
Nennleistung	600 Watt	800 Watt	1000 Watt
Dörrfläche in m²	0,85 mit 10 Sieben	0,98 mit 10 Einschüben	1,82 mit 12 Einschüben

	Stöckli Dörrex	Wartmann WM 2110 DH	Wartmann WM 1912 DH
Einschübe /Dörrgitter: maximale Anzahl	10	10	12
Einschübe/ Dörrgitter: Material	Edelstahl oder Kunststoff	Edelstahl	Edelstahl
Gehäuse: Material	Kunststoff	Edelstahl	Edelstahl
Temperaturbereich	0–70 °C	25–90 °C	25–90 °C
Timer	0–12 Stunden	0–72 Stunden	0–72 Stunden
Krümelfach	nein	ja	ja
Art der Bedienung	analog mit Drehknöpfen	digital mit Tasten	digital mit Tasten
Luftfilter	nein	nein	nein
Reinigung	Krümel und Feinteile können in den Unterteil gelangen und sind schwer herauszubekommen	sehr einfach, durch Auswischen	sehr einfach, durch Auswischen
Dörrgitter: Reinigung im Geschirrspüler	Dörrsiebe haben im Geschirrspüler hohen Platzbedarf	Einschübe haben im Geschirrspüler geringen Platzbedarf	Einschübe haben im Geschirrspüler geringen Platzbedarf
Aufstellung in der Küche	kann nur mit begrenzter Anzahl an Dörrsieben zwischen Arbeitsplatte und Oberschränken aufgestellt werden; nicht in die Küche integrierbar	kann gut zwischen Arbeitsplatte und Oberschränken aufgestellt werden; in die Küche integrierbar	passt in vielen Küchen nicht zwischen Arbeitsplatte und Oberschrank
Besonderheiten			
Außengehäuse	aus Kunststoff und einwandig	aus Edelstahl und doppelwandig	aus Edelstahl und doppelwandig
Beleuchtung	nein	ja	ja
gleichzeitiges Dörren unterschiedlicher Produkte	nur bedingt empfehlenswert wegen Aromavermischung	uneingeschränkt möglich	Dörren unterschiedlicher Produkte: uneingeschränkt möglich

	Stöckli Dörrex	Wartmann WM 2110 DH	Wartmann WM 1912 DH
Umschlichten der Dörrsiebe oder Einschübe notwendig	notwendig, da Dörrgut auf unteren Sieben weit schneller trocknet	nicht unbedingt notwendig, aber das Dörrgut auf den mittleren 6 Einschüben trocknet etwas rascher	nicht unbedingt notwendig, aber das Dörrgut auf den mittleren 6 Einschüben trocknet etwas rascher
Abluft	wird nach oben ausgeblasen	wird zur Seite ausgeblasen	wird zur Seite ausgeblasen
Abdeckung	loser Kunststoffdeckel über den Dörrsieben	Frontabdeckung mit Echtglas und Scharnier	Frontabdeckung mit Echtglas und Scharnier
Überwachung des Dörrgutes	Siebe müssen einzeln abgenommen werden, um das gewünschte Sieb kontrollieren zu können	gleichzeitiger Überblick über alle Einschübe durch die Glasfront. Einzelne Einschübe können entnommen werden	gleichzeitiger Überblick über alle Einschübe durch die Glasfront. Einzelne Einschübe können entnommen werden
Füllmenge pro Sieb/Einschub	höhere Füllmenge der Dörrsiebe bei loser Blattware und Blüten aufgrund der Bauform der Dörrsiebe mit Seitenrändern	geringe Füllmenge der Dörrsiebe bei loser Blattware und Blüten wegen der flachen Bauweise der Einschübe	geringe Füllmenge der Dörrsiebe bei loser Blattware und Blüten wegen der flachen Bauweise der Einschübe

Cona Solartrockner

Seit 1998 entwickelt die österreichische Firma Cona solare Dörranlagen. Die Solartrockner eignen sich zum Verarbeiten von Obst, Gemüse, Kräutern und Pilzen und werden nach Angaben der Firma auch für das Dehydrieren von Fleisch und Fisch eingesetzt.

Der Cona Solartrockner ist ein Dörrschrank mit Photovoltaikpaneel zur Erzeugung von Strom zum Betrieb der Lüftermotoren und einem Solarpaneel zur Erwärmung der Trocknungsluft. Das Gerät arbeitet unabhängig von Stromnetz und kann daher als Inselgerät betrieben werden.

Funktion: Außenluft wird vom Lüfter durch die Solarpaneele geleitet. Die dort erwärmte Luft wird dann horizontal durch den aus Edelstahl gefertigten Dörrkasten geblasen und nimmt die Feuchtigkeit aus dem Dörrgut auf. Die Gebläseleistung ist variabel und wird je nach Sonneneinstrahlung so gewählt, dass die Luft im Dörrschrank die gewünschte Temperatur hat. Bei starkem Sonnenschein wird durch volle Drehzahl des Gebläses mehr Luft durch den Solarkollektor gesaugt, bei geringer Sonneneinstrahlung entsprechend weniger. Die Anlagen sind mit Schutzgittern gegen Insekten und Filtern gegen das Eindringen von Staub geschützt. Das Dörrgut wird vor direktem Licht geschützt unter hygienischen Bedingungen gedörrt.

Das Dörrgut liegt auf Edelstahldörrgittern, für die auch Dörreinlagen für feine Erntegüter erhältlich sind. Die Luft wird im Gerät horizontal über das Dörrgut geleitet, dadurch ist das Ergebnis des Dörrens im ganzen Gerät sehr gleichmäßig, und es ist kein Umschichten notwendig.

Cona bietet verschiedene Modellvarianten von 5–50 m² an. Die Dörrgeräte können nur mit der Kraft der Sonne betrieben werden, es gibt aber auch zusätzlich die Möglichkeit einer Kombination mit Netzstrom.

HerbERT: Kondensationsentfeuchtung

Unter dem Markennamen HerbERT wir von einem österreichischen Hersteller eine professionelle Entfeuchtungslösung in modernem und ansprechendem Design hergestellt und vertrieben. Das Gerät besteht aus einem Gehäuse mit Dörrhorden zur Aufnahme des Dörrgutes und einem Entfeuchtungsmodul. Die Luft wird im Kreislaufsystem über und durch das Dörrgut geleitet, entfeuchtet und anschließend wieder zur Aufnahme von Feuchtigkeit über das Dörrgut geblasen. Das Kondenswasser wird in einem Behälter im Dörrschrank aufgefangen oder mittels Schlauchs aus dem Dörrgerät z. B. in einen Kanal geleitet.

Technische Daten

Modell	Herb.ERT Basic
Abmessungen H x B x T	170 x 70 x 80 cm
Dörrfläche	4,8 m²
Entfeuchtungs-leistung	8 Liter/ 24 Stunden
Leistung	450 W
Gewicht	79 kg

Mit dem Cona Solartrockner kann die Energie der Sonne genutzt und unabhängig von einer Stromquelle gedörrt werden.

Der Dörrschrank HerbERT ist ein Gerät, das mit Kondensationsentfeuchtung arbeitet. Er eignet sich besonders gut zum Dörren von Kräutern.

© Kräuterbauer

ANHANG

SELBSTBAU EINES DÖRRGERÄTES

Elektrisch beheizte Dörrschränke

In einigen (Fach-)Büchern und im Internet sind zum Teil recht „abenteuerliche" Bauanleitungen von Dörr- bzw. Trockenschränken und anderen Trocknungsgeräten, die mithilfe von warmer Luft dörren, zu finden. Als Heizquelle werden häufig elektrische Heizlüfter empfohlen, die dann in verschiedene Holzkonstruktionen eingebaut werden sollen.

Bei genauerer Betrachtung stellt sich jedoch die Frage, ob im Hinblick auf die technisch ausgereiften und praxiserprobten Dörrgeräte, die im Handel erhältlich sind, der Selbstbau eines Trockenschrankes wirklich kostengünstiger ist. Darüber hinaus darf die Brandgefahr derartiger Basteleien nicht unterschätzt werden.

Bauanleitung Entfeuchtungsschrank (Dörren mit entfeuchteter Luft)

Ein Schrank zum Dörren mit entfeuchteter Luft ist recht einfach selbst zu bauen. Benötigt wird dazu Holz und ein Entfeuchtungsgerät mit einem Ablaufschlauch für das Kondenswasser. Ein derartiger Schrank ist besonders zum Dörren von Kräutern geeignet.

Die folgende Bauanleitung ist bewusst einfach gehalten, der Bau des Schrankes setzt aber voraus:

Fertiger Entfeuchtungsschrank (mit geöffneter Tür) mit Entfeuchtungsgerät. Zwischen der Hinterwand und Innentrennwand wird ein „Luftkanal" gebildet, der dazu dient, die Luft im Schrank im Kreislauf zu führen.

- handwerkliche Grundkenntnisse
- eine gewisse Werkzeugausstattung
- Fachberatung durch den Händler vor dem Kauf des Entfeuchtungsgerätes über die Eignung des Gerätes für diesen speziellen Zweck
- bei Verwendung des Eigenbau-Entfeuchtungsschranks im landwirtschaftlichen oder gewerblichen Bereich: Die Vorgaben der zuständigen Lebensmittelaufsicht müssen in jedem einzelnen Fall berücksichtig werden.

Maße

Höhe: 184 cm; Breite: 64 cm; Tiefe: 65 cm

Materialliste

Stück	Bezeichnung	Material	Maße in cm	
1	Rückwand	3-Schichtplatte 19 mm	65 x 183,8	
1	Tür	3-Schichtplatte 19 mm	64 x 183,5	
2	Boden/Deckel	3-Schichtplatte 19 mm	65 x 65	
2	Seitenwand	3-Schichtplatte 19 mm	65 x 180	
1	Innentrennwand	Sperrholz 4–5 mm	61,2 x 170	
2	Leisten	Fichte	4,5 x 3 x 170	zur Montage der Innentrennwand
10	Leisten-Konstruktionsholz gehobelt		ca.4,5 x 3 x 40	Einschubleisten für die Kisten (pro Kiste jeweils 1 Stück links und rechts)
div.	Schrauben/Runddübel			
4	Scharniere			
2	Magnetverschlüsse			
4	Möbel-Lenkrollen			optional
5	Normkisten mit Kunststoff-Gitterböden-mit Zulassung für den Lebensmittelbereich		40 x 60	z.B.: „Nudelhorden" 40 x 60 x 8
1	Entfeuchtungsgerät			

Geeignete Entfeuchtungsgeräte

- Entfeuchtungsleistung von ca. 10 bis 20 Liter Wasser in 24 Stunden, das sind Geräte für Räume bis ca. 70 m²
- muss die Luft an der Hinterseite des Gerätes ansaugen und an der Vorderseite ausblasen
- soll steckerfertig und betriebsbereit ausgeführt sein
- muss einen Kondensatablauf mit Ablaufschlauch haben

Anleitung

Der Selbstbau-Dörrschrank ist so konzipiert, dass er auch von Personen mit wenig handwerklicher Erfahrung gebaut werden kann. Bei besseren Kenntnissen von Tischlerarbeiten kann das Objekt viel eleganter als auf den Bildern dargestellt realisiert werden. Die Anleitung soll in erster Linie die notwendige Idee zur Umsetzung liefern. Die Ausführung ist dann von der handwerklichen Erfahrung abhängig.

Natürlich ist die Verwendung von Dübelverbindungen mit Flach-oder Runddübeln dem stumpfen Aneinanderschrauben der Bauteile vorzuziehen. Das erfordert aber Spezialwerkzeuge und Fachwissen. Wenn das vorhanden ist, kann auch die Rückwand aus dünnerem Material sein und in einem Falz montiert werden, so wie es bei Holzschränken üblich ist. Wichtig ist jedenfalls, dass die Rückwand dem Schrank die notwendige Stabilität gibt.

Der Schrank mit noch nicht eingepasstem Entfeuchtungsgerät. Deutlich zu sehen ist der „Luftkanal" zwischen Hinterwand und Rückwand. Das Loch in der Rückwand dient dazu, den „Kondensatablauf" des Kondensationsentfeuchters aus dem Schrank zu leiten. Auf der Abbildung ist nur eine Kiste zu sehen. Der Schrank kann für 5–6 Kisten gebaut werden und hat ein Fassungsvermögen von ca. 10 kg Frischware.

1. Die 3-Schicht-Platten am besten im Baumarkt oder im Fachhandel gleich auf das gewünschte Maß zuschneiden lassen.
2. Zur besseren Beweglichkeit des Schrankes können an der Bodenplatte (Unterseite) drehbare Rollen befestigt werden.
3. Deckel und Boden an die Seitenteile schrauben, die Hinterwand an den so entstandenen Korpus schrauben und für besondere Festigkeit eventuell zusätzlich leimen.
4. Einen Ausschnitt in der Trennwand für das Entfeuchtungsgerät machen (Höhe x Breite des verwendeten Entfeuchters). Der Ausschnitt darf nicht wesentlich größer sein, der Entfeuchter sollte genau in den Ausschnitt passen, damit ein geschlossener Kreislauf der Luft durch den ganzen Schrank entsteht.
5. Die Leisten 18 cm von der Hinterwand entfernt (zur hinteren Kante der Leisten gemessen) montieren.
6. Daran die Trennwand aus Sperrholz befestigen; diese bildet den Kanal zur Rückführung der Luft zum Entfeuchtungsgerät.
7. An den beiden Seitenwänden die Leisten für die 5 Einschubkisten montieren. Die Montage der Einschubleisten für die Dörrkisten richtet sich nach der Größe des verwendeten Entfeuchtungsgerätes: Die ersten Leisten werden so angeschraubt, dass die unterste Kiste knapp oberhalb des Entfeuchtungsgerätes eingeschoben werden kann. Im Gerät auf dem Bild hat die Oberkante der untersten Einschubleiste einen Abstand von 55 cm zur Bodenplatte. Die weiteren Einschubleisten werden dann mit einem Abstand von 25 cm (von Oberkante zu Oberkante der nächsten Leiste) montiert.
8. Magnetverschlüsse und Scharniere an der Tür anbringen.
9. Tür an einer Seitenwand des Schrankes mit den Scharnieren anschrauben. Die

Rückseite des Kondensationsentfeuchters mit dem Kondensatschlauch; dieser dient zum Ableiten des Kondeswassers.

Öffnungsrichtung kann nach Bedarf frei gewählt werden.

10. Durch die Hinterwand ein Loch bohren (muss einen etwas größeren Durchmesser als der Kondensatschlauch an der Rückseite des Entfeuchters haben). Das Loch darf keinesfalls zu hoch angesetzt werden, damit das Kondenswasser aus dem Entfeuchtungsgerät mit leichtem Gefälle aus dem Schrank geleitet wird, denn sonst kommt es zu einem Rückstau des Kondenswassers, und im schlimmsten Fall wird dadurch das Entfeuchtungsgerät beschädigt.
11. Entfeuchter mit der Rückseite nach hinten in den Kasten stellen, den Kondensatschlauch durch das Loch in der Rückwand führen und den Entfeuchter in den Ausschnitt schieben.

Wer ganz perfekt arbeiten möchte, kann den Schrank mit Lack streichen, der für die Lebensmittelverarbeitung zugelassen ist. Es dürfen jedenfalls *nur* solche Lacke verwendet werden!

Funktionsprinzip des Eigenbau-Entfeuchtungschrankes

Die Kunststoffkisten werden mit dem frischen Entfeuchtungsgut befüllt, das Entfeuchtungsgerät wird gemäß Betriebsanleitung in Betrieb genommen und nach dem Schließen der Schranktür beginnt der Entfeuchtungsvorgang durch die im Kreis geführte Luft.

Trockene Luft wird an der Vorderseite des Entfeuchtungsgerätes ausgeblasen und strömt durch und über die Kunststoffkisten nach oben. Sie nimmt dabei die Feuchtigkeit aus dem Dörrgut, das sich in den Kunststoffkisten befindet, auf und wird im Kanal zwischen der Hinterwand des Schrankes und der Trennwand aus Sperrholz wieder von hinten in das Entfeuchtungsgerät gesaugt. Dann beginnt der Kreislauf von vorne. Das Wasser aus dem Dörrgut wird als Kondensat über den Schlauch und aus dem Schrank abgeführt.

Die Kisten werden jeweils abwechselnd an der Hinterwand anstehend und an der Türe anstehend in den Schrank geschoben. Dadurch muss die Luft in Schlangenlinien durch den Schrank streifen und nimmt viel Feuchtigkeit auf.

Bitte unbedingt die Bedienungsanleitung und die Herstellerhinweise des jeweiligen Entfeuchtungsgerätes beachten.

GRUNDSÄTZE UND LEITLINIEN DER GUTEN LANDWIRTSCHAFTLICHEN PRAXIS (GAP) FÜR ARZNEI- UND GEWÜRZPFLANZEN (EU-WEIT)

0.1 Anwendungsbereich: Die Leitlinien für die Gute Landwirtschaftliche Praxis von Arznei- und Gewürzpflanzen sind zur Anwendung in Anbau und Primärverarbeitung aller solcher Pflanzen vorgesehen, die in der Europäischen Union gehandelt und verwendet werden. Deshalb beziehen sie sich auf die Produktion aller derartigen pflanzlichen Materialien, die in Lebensmittel-, Futtermittel-, Arzneimittel-, Aromastoff- und Parfümindustrie verwendet werden. Sie beziehen sich auch auf alle Methoden der Produktion einschließlich des ökologischen Landbaus in Übereinstimmung mit europäischen Regelungen.

0.2 Umwelt: Die mit der Pflanzenproduktion befassten Anbauer müssen sicherstellen, dass eine Schädigung existierender Wild-Lebensräume vermieden wird und dass sie Anstrengungen unternehmen, die Biodiversität ihrer Produktionsbetriebe zu erhalten und zu vergrößern. Wildsammlungen können durch eine spezielle Leitlinie geregelt werden.

0.3 Die vorliegenden Leitlinien für eine Gute Landwirtschaftliche Praxis (GAP = Good Agricultural Practice; Gute-Anbau-Praxis) stellen insoweit eine ergänzende Anleitung für die Produktion und die Verarbeitung des Rohmaterials dar, als sie schwerpunktmäßig auf diejenigen kritischen Maßnahmen abheben, die zur Einhaltung einer guten Qualität notwendig sind. Es wird dabei angestrebt, unzureichende Qualität durch Prävention zu minimieren.

0.4 Ein Hauptziel ist es sicherzustellen, dass das pflanzliche Rohmaterial den Erwartungen der Verbraucher und damit höchsten Qualitätsansprüchen genügt. Dazu gehört insbesondere, dass es

- hygienisch produziert wird, um mikrobiologischen Befall gering zu halten;
- sorgfältig hergestellt wird, um negative Einflüsse während Anbau, Verarbeitung und Lagerung einzuschränken.

Da im Laufe des Produktionsprozesses die Arznei- und Gewürzpflanzen und daraus erzeugte Produkte einer Vielzahl von mikrobiologischen und anderen Verunreinigungen ausgesetzt sind, besteht das Hauptziel der vorliegenden Richtlinien darin, dem Erzeuger Hinweise zu geben, um derartige Verunreinigungen von pflanzlichem Material weitestgehend zu vermeiden.

0.5 Alle Teilnehmer des Produktionsprozesses (vom Erzeuger bis zum Vertreiber) sind dazu aufgefordert, diese Anleitungen freiwillig einzuhalten und praktische Maßnahmen zu entwickeln, um diese Richtlinien umzusetzen. Erzeuger, Händler und Verarbeiter von Arznei- und Gewürzpflanzen, insbesondere von teeähnlichen Erzeugnissen und pflanzlichen Arzneimitteln, sollten diese GAP-Regeln einhalten, dies in Form einer Chargen-Dokumentation (Way Bill) dokumentieren und von ihren Vertragspartnern ebenfalls deren Einhaltung verlangen.

1. Saatgut und Vermehrungsmaterial

1.1 Das verwendete Saatgut muss botanisch definiert sein, einschließlich der Angaben zu Varietät, Sorte, Chemotyp und Herkunft. Das verwendete Material sollte 100%ig nachvollziehbar sein. Gleiches gilt für vegetativ vermehrtes Ausgangsmaterial. Ausgangsmaterial, das im ökologischen Landbau verwendet wird, muss als solches zertifiziert sein.

1.2 Das Ausgangsmaterial sollte den Anforderungen/Standards bezüglich Reinheit und Keimfähigkeit entsprechen (wo verfügbar, sollte zertifiziertes Saat- bzw. Vermehrungsmaterial verwendet werden). Das Ausgangsmaterial sollte möglichst frei von Schädlingen und Krankheiten sein, um ein gesundes Pflanzenwachstum sicherzustellen. Soweit es resistente oder tolerante Arten oder Herkünfte gibt, sollten diese bevorzugt werden.
1.3 Das Vorkommen von nicht art-/sortenidentischen Pflanzen und Pflanzenteilen ist im Laufe des ganzen Produktionsprozesses (Anbau, Ernte, Dörren, Verpacken) ständig zu kontrollieren. Solche Verunreinigungen sind umgehend zu eliminieren. Pflanzliches Material oder Saatgut, das aus genetisch veränderten Organismen stammt oder diese umfasst, muss in Übereinstimmung mit nationalen und europäischen Regelungen stehen.

2. Anbau

2.1 In Abhängigkeit von der Art des Anbaus, beispielsweise konventioneller oder ökologischer Anbau, sollte es den Anbauern erlaubt sein, unterschiedlichen (zu erarbeitenden) Standard Operating Procedures (Standardverfahrensanweisungen) für den Anbau zu folgen. Allgemein sollte Sorgfalt aufgewandt werden, um Umweltbeeinträchtigungen zu vermeiden. Die Prinzipien des guten Ackerbaus einschließlich einer angemessenen Rotation der Kulturen müssen befolgt werden.
2.2 Boden und Düngung
2.2.1 Arznei- und Gewürzpflanzen können nicht auf Böden angebaut werden, die mit Klärschlamm verunreinigt sind. Die Böden sollten außerdem nicht mit Schwermetallen, Rückständen von Pflanzenschutzmitteln und anderen nicht natürlich vorkommenden Chemikalien usw. kontaminiert sein. Aus diesem Grunde sollte ein minimal wirksamer Chemikalieneinsatz angestrebt werden.
2.2.2 Organische Dünger sollten frei von menschlichen Fäkalien sein und vor der Verwendung gut kompostiert werden.
2.2.3 Alle anderen Düngungsmittel sollten sparsam und nach dem Bedarf der Pflanze und der einzelnen Art verwendet werden (einschließlich der Anwendung zwischen den Ernten). Der Gebrauch von Düngemitteln sollte im Einklang mit den Bemühungen stehen, eine Auswaschung gering zu halten.
2.3 Bewässerung
2.3.1 Bewässerung sollte so weit wie möglich minimiert werden und nur entsprechend dem Bedarf der Pflanze angewendet werden.
2.3.2 Das zur Bewässerung verwendete Wasser sollte nationalen und möglichen europäischen Qualitätsstandards entsprechen und frei von Verunreinigungen wie Fäkalien, Schwermetallen, Pestiziden, Herbiziden und anderen toxikologisch bedenklichen Stoffen sein.
2.4 Pflanzenpflege und Pflanzenschutz
2.4.1 Die Bodenbestellung sollte an Wachstum und Bedürfnisse der Pflanze angepasst sein.
2.4.2 Die Anwendung von Pflanzenschutzmitteln sollte weitmöglichst vermieden werden. Soweit notwendig, sollte sie mit der minimal wirksamen Menge zugelassener Pflanzenschutzmittel durchgeführt werden. Rückstände an Pflanzenschutzmitteln müssen den zulässigen Höchstmengen der Europäischen Union (Europäisches Arzneibuch, Europäische Richtlinien, Codex Alimentarius) entsprechen. Die Anwendung und Lagerung von Pflanzenschutzmitteln muss nach den Prinzipien der guten fachlichen Praxis des Pflanzenschutzes und in Übereinstimmung mit den gesetzlichen Regelungen des jeweiligen Landes erfolgen. Die Anwendung darf nur durch sachkundiges Personal unter Verwendung zugelassener Geräte durchgeführt werden. Die Anwendung sollte vor

der Ernte in einer Zeitspanne erfolgen, die entweder durch den Verkauf bestimmt wird oder durch die Zulassung/Genehmigung des Pflanzenschutzmittels festgelegt ist. Der Einsatz von Pestiziden und Herbiziden muss dokumentiert werden.

2.4.3 Alle Maßnahmen der Pflanzenernährung und des chemischen Pflanzenschutzes sollten die Verkehrsfähigkeit des Produktes gewährleisten. Es ist obligatorisch, dass der Abnehmer der Ware schriftlich über Art, Menge und Zeitpunkt des Einsatzes dieser Mittel informiert wird.

3. Ernte

3.1 Die Ernte sollte dann stattfinden, wenn die Pflanzen eine bestmögliche Qualität hinsichtlich ihres Verwendungszweckes haben.

3.2 Die Ernte sollte nach Möglichkeit unter trockenen Bedingungen erfolgen (Bodennässe, Tau, Regen oder außergewöhnlich hohe Luftfeuchtigkeit können ungünstig sein). Wird die Ernte unter feuchten Bedingungen durchgeführt, ist besondere Vorsicht geboten, um einen ungünstigen Einfluss der Feuchtigkeit zu vermeiden.

3.3 Verwendete Geräte sollten sowohl sauber als auch in technisch einwandfreiem Zustand sein. Diejenigen Maschinenteile, die mit dem Erntegut einschließlich ihres Gehäuses in Berührung kommen, sollten regelmäßig gereinigt werden und frei von Öl und sonstigen Verunreinigungen (einschließlich Resten pflanzlichen Materials) sein.

3.4 Schnittvorrichtungen von Erntemaschinen müssen so eingestellt werden, dass das Aufnehmen von Erdreich auf ein Minimum beschränkt werden kann.

3.5 Bei der Ernte muss darauf geachtet werden, dass keine toxischen Unkräuter in das Erntegut gelangen.

3.6 Beschädigtes und verdorbenes pflanzliches Material muss sofort aussortiert werden.

3.7 Sämtliche Behältnisse, die für die Ernte verwendet werden, müssen sauber und frei von Rückständen von vorherigem Erntegut sein; nicht in Gebrauch befindliche Behältnisse sind trocken, frei von Schädlingen und unzugänglich für Mäuse und andere Nagetiere sowie Nutz- und Haustiere aufzubewahren.

3.8 Das Erntegut sollte nicht direkt mit dem Boden in Kontakt kommen (siehe auch: 4.7). Es muss sofort gesammelt werden und unter trockenen, sauberen Umständen (z. B. in Säcken, Körben, Hängern oder Containern usw.) zum Transport gelangen.

3.9 Mechanische Beschädigung und Verdichten des Erntegutes usw., wodurch es zu unerwünschten Qualitätsänderungen kommen könnte, müssen vermieden werden. Dabei ist zu beachten, dass Säcke nicht überfüllt werden, durch Aufstapeln der Säcke keine Verdichtung eintritt, das Erntegut so transportiert und in Containern oder Beuteln/Säcken gelagert wird, dass das Auftreten von Erhitzung vermieden wird.

3.10 Die Anlieferung des frisch geernteten Pflanzenmaterials an den Verarbeitungsbetrieb muss so schnell wie möglich erfolgen, um Erhitzung zu vermeiden.

3.11 Das Erntegut muss vor Schädlingen, Mäusen/Nagetieren und Haustieren geschützt werden. Maßnahmen zur Schädlingsbekämpfung sollten dokumentiert werden.

4. Primäre Verarbeitung/Nachernteverfahren

Die primäre Verarbeitung nach der Ernte schließt Schritte der Aufbereitung wie Waschen, Einfrieren, Destillieren, Trocknen usw. ein. Alle diese Prozesse sowohl für Lebensmittel als auch für Arzneimittel müssen den europäischen und nationalen Regelungen entsprechen.

4.1 Bei der Ankunft im Verarbeitungsbetrieb

muss das Erntegut sofort entladen und ausgepackt werden. Vor der Verarbeitung sollte das Material nicht direkt der Sonne ausgesetzt werden (außer wenn eine besondere Notwendigkeit hierzu besteht, z. B. bei Destillation), und es muss vor Regen geschützt werden.

4.2 Die Gebäude, die für die Verarbeitung von Erntegut verwendet werden, müssen sauber und gründlich belüftet sein und dürfen niemals für die Unterbringung von Tieren genutzt werden.

4.3 Die Gebäude müssen so gebaut sein, dass ein Schutz des Erntegutes vor Vögeln, Insekten, Nagetieren sowie Haustieren gegeben ist. In allen Lager- (einschließlich Verpackungs-) und Verarbeitungsbereichen müssen angemessene Schädlingsbekämpfungsmaßnahmen wie z. B. Fallen und elektrische Insektenbekämpfungsgeräte zur Anwendung gebracht und durch professionelles qualifiziertes Personal oder Vertragsunternehmer instandgehalten werden.

4.4 Trocknungsanlagen und Trockengestelle müssen sauber gehalten und regelmäßig gewartet werden.

4.5 Bei Lufttrocknung muss das Erntegut in dünnen Schichten ausgelegt werden. Um eine ungehinderte Luftzirkulation sicherzustellen, müssen die Trocknungsrahmen in einem ausreichenden Abstand vom Boden aufgestellt werden. Es müssen Anstrengungen unternommen werden, eine gleichmäßige Trocknung des Erntegutes zu erreichen und dadurch eine Schimmelbildung zu vermeiden. Bei der künstlichen Trocknung mit Ölfeuerung dürfen die Abgase nicht zur Trocknung (wieder)verwendet werden. Eine Direkttrocknung sollte nicht gestattet sein – außer mit Butan-, Propan- oder Erdgas-Brennern.

4.6 Außer in den Fällen von Lufttrocknung im Freien müssen die Bedingungen (z. B. Temperatur, Dauer usw.) so ausgewählt werden, dass der Art (z. B. Wurzel, Blatt oder Blüte) und dem Gehalt wirksamer Bestandteile (z. B. ätherische Öle und andere) der herzustellenden Droge Rechnung getragen wird. Die Trocknungsbedingungen sollten dokumentiert werden.

4.7 Eine Trocknung direkt auf dem Boden und unter unmittelbarer Einwirkung von Sonnenlicht sollte vermieden werden, sofern es nicht für eine bestimmte Pflanze erforderlich ist.

4.8 Sämtliches Material muss verlesen oder gesiebt werden, um unter dem Standard liegende Produkte und Fremdkörper zu eliminieren. Die Siebe müssen in einem sauberen Zustand gehalten werden und sollten regelmäßig gewartet werden.

4.9 Es sollten deutlich als solches gekennzeichnete Abfallbehälter bereitgehalten, täglich entleert und gereinigt werden.

4.10 Getrocknetes Erntegut sollte aus Gründen des Schutzes und zur Verringerung eines Schädlingsbefallrisikos unverzüglich abgepackt werden.

5. Verpacken

5.1 Nach der erneuten Kontrolle und eventuellen Entfernung von minderwertigen Materialien und fremden Bestandteilen sollte die gut getrocknete Droge in sauberen und trockenen, wenn möglich neuen Säcken, Beuteln oder Kisten verpackt werden. Die Beschriftung muss deutlich, dauerhaft angebracht und aus nichttoxischem Material sein. Sie muss den europäischen und nationalen Beschriftungsregelungen entsprechen.

5.2 Das Packmaterial sollte an einem sauberen und trockenen Platz gelagert werden, der frei von Schädlingen und unzugänglich für Vieh und Haustiere ist. Es muss sichergestellt sein, dass keine Kontamination des Produktes durch die Verwendung von Verpackungsmaterial, insbesondere im Fall von Fasersäcken, eintritt.

Für Trockenprodukte gibt es im Handel eine große Zahl an Verpackungsmaterialien.

5.3 Wieder verwendbares Verpackungsmaterial sollte vor erneuter Verwendung gut gereinigt und vollständig getrocknet werden. Es muss sichergestellt sein, dass keine Kontamination durch die Wiederverwendung von Sackmaterial erfolgt.

6. Aufbewahrung und Transport

6.1 Verpacktes getrocknetes Material und ätherische Öle sollen in einem trockenen, gut belüfteten Gebäude gelagert werden, in dem tägliche Temperaturschwankungen begrenzt sind und eine gute Belüftung gegeben ist. Frische Produkte (ausgenommen Basilikum) sollten zwischen 1 °C und 5 °C gelagert werden, gefrorene Produkte unterhalb von minus 18 °C (oder unterhalb von minus 20 °C für längere Lagerung). Die Lagerung von ätherischen Ölen muss angemessenen Standards für die Lagerung von Chemikalien entsprechen.

6.2 Zum Schutz vor Schädlingen, Vögeln, Nagetieren und Haustieren sind Fenster- und Türöffnungen z. B. durch Drahtgitter zu schützen.

6.3 Es wird empfohlen, verpacktes, getrocknetes Erntegut folgendermaßen aufzubewahren:

- in Gebäuden mit Betonböden oder ähnlichen leicht zu reinigenden Böden,
- auf Paletten.
- mit ausreichendem Abstand zur Wand und sorgfältig getrennt von anderem Erntegut zur Vermeidung von Verwechslung, Vermischung und gegenseitiger Beeinflussung.
- Produkte aus ökologischem Landbau sind getrennt aufzubewahren.

6.4 Im Falle von Bulk-Lieferungen ist für trockene Bedingungen zu sorgen, und zusätzlich ist es zur Verringerung des Risikos von Schimmelbildung und enzymatischen Prozessen äußerst empfehlenswert, belüftete Container zu verwenden. Hilfsweise werden ausreichend belüftete Transportfahrzeuge und andere belüftete Einrichtungen empfohlen. Der Transport von ätherischen Ölen muss den einschlägigen Bestimmungen entsprechen. Nationale und europäische Transportregelungen sind zu berücksichtigen.

6.5 Begasung gegen Schädlingsbefall sollte nur durchgeführt werden, sofern dies notwendig ist, und darf nur durch geschultes Personal erfolgen. Es dürfen nur zugelassene Begasungsmittel Verwendung finden. Jede Begasung gegen Schädlingsbefall sollte in der Dokumentation aufgeführt werden.

6.6 Für die Begasung von Lagern sollen entsprechend den europäischen oder nationalen Regelungen nur zugelassene Substanzen verwendet werden.

6.7 Wenn Tiefkühlung oder gesättigter Dampf für die Schädlingsbekämpfung eingesetzt werden, muss die Feuchtigkeit des Materials nach der Behandlung überprüft werden.

7. Ausrüstung

7.1 Geräte für den Anbau und die Verarbeitung pflanzlichen Materials sollten zur Vermeidung eines Kontaminationsrisikos leicht zu reinigen sein.

7.2 Alle Maschinen sollten so aufgestellt sein, dass sie leicht zugänglich sind. Sie müssen gut gewartet und regelmäßig gereinigt werden. Die Geräte zur Anwendung von Düngemitteln und Pflanzenschutzmitteln müssen regelmäßig geeicht werden.

7.3 Vorzugsweise sollten nicht aus Holz bestehende Geräte verwendet werden, soweit dies nicht von der Tradition gefordert wird. Wenn Geräte aus Holz, z. B. Paletten, Horden, Bunker usw. verwendet werden, sollten sie nicht in direkten Kontakt mit Chemikalien und kontaminiertem/infiziertem Material kommen, um eine Verunreinigung pflanzlichen Materials zu vermeiden.

8. Personal und Einrichtungen

8.1 Das Personal sollte vor der Durchführung von Aufgaben, die solche Kenntnisse verlangen, eine angemessene botanische Ausbildung erhalten.

8.2 Alle Arbeitsvorgänge sollten vollständig sowohl mit der EU-Richtlinie über Lebensmittelhygiene als auch mit den allgemeinen Grundsätzen der Lebensmittelhygiene des Codex Alimentarius in Übereinstimmung stehen sowie mit der europäischen Richtlinie über die „Gute Herstellungspraxis" (Good Manufacturing Practice = GMP).

8.3 Mitarbeitern, die mit dem Umgang mit pflanzlichem Material betraut sind (auch diejenigen, die auf dem Feld arbeiten), sollte ein hohes Maß an persönlicher Hygiene abverlangt werden, und sie sollten eine adäquate Schulung in Bezug auf ihre Verantwortlichkeiten im Hinblick auf Hygiene erhalten haben. Die Gebäude, in denen die Verarbeitung der Pflanzen stattfindet, müssen mit Umkleideeinrichtungen sowie Toiletten mit Handwaschgelegenheiten entsprechend den einschlägigen Regelungen ausgestattet sein.

8.4 Soweit Mitarbeiter bekanntermaßen unter durch Lebensmittel übertragbare Krankheiten einschließlich Diarrhoe leiden oder Überträger solcher Krankheiten sind, muss ihnen eine Tätigkeit in jenen Bereichen, in denen pflanzliches Material bearbeitet wird, entsprechend den einschlägigen Regelungen untersagt werden.

8.5 Mitarbeiter mit offenen Wunden, Entzündungen und Hautinfektionen sollten bis zum Eintritt einer völligen Genesung aus Bereichen, in denen pflanzliches Material bearbeitet wird, ferngehalten werden oder bis zu ihrer vollständigen Wiederherstellung angemessene Schutzkleidung oder Handschuhe tragen.

8.6 Das Personal sollte vor dem Kontakt mit toxischen oder potenziell allergenen pflanzlichen Materialien durch entsprechende Schutzkleidung geschützt werden.

8.7 Das Wohl und die Gesundheit aller Mitarbeiter, die mit Anbau und Verarbeitung zu tun haben, soll gesichert werden.

9. Dokumentation

9.1 Sämtliches Ausgangsmaterial und alle Verarbeitungsstufen einschließlich des Anbauortes müssen dokumentiert sein. Aufzeichnungen über die Felder, die Vorfrucht und vorhergegangene Behandlungen sollen von allen Anbauern geführt werden.

9.2 Jede Partie aus einer zusammenhängenden Fläche muss eindeutig und unverwechselbar gekennzeichnet werden (z. B. durch Vergabe einer Chargen-Nummer). Dies sollte so frühzeitig wie möglich erfolgen.

9.3 Partien von verschiedenen Flächen dürfen nur gemischt werden, wenn garantiert wird, dass die Mischung in sich homogen ist. Derartige Mischvorgänge müssen ebenfalls dokumentiert werden.

9.4 Aufzeichnungen über Art, Menge und Zeitpunkt der bei einer Partie geernteten Materials eingesetzten Chemikalien und anderer Mittel (z. B. Düngemittel, Pestizide und Herbizide, Wachstumsregulatoren usw.) sind unerlässlich.

9.5 Der Einsatz von Begasungsmitteln wie z. B. Phosphin muss in der Chargen-Dokumentation aufgezeichnet werden.

9.6 Alle Vorgänge und Bearbeitungsschritte, die einen Einfluss auf die Qualität des Produktes haben können, müssen chargenbezogen dokumentiert werden.

9.7 Alle Abmachungen zwischen Produzenten und Abnehmer sollten schriftlich festgelegt werden (Anbaurichtlinien, Anbauvertrag usw.). In einer Way Bill (Chargen-Dokumentation) sollte dokumentiert werden, dass Anbau, Ernte und Produktion in Übereinstimmung mit den GAP-Richtlinien durchgeführt worden sind. Zumindest sollte in der Way Bill eine Information über die geographische Definition des Anbauortes, des Ursprungslandes und des verantwortlichen Anbauers/ Produzenten enthalten sein.

9.8 Die Ergebnisse der Audits sind in einem Auditbericht zu dokumentieren (Kopien aller Dokumente, Schlagkartei, Auditberichte, Analysenergebnisse), der mindestens 10 Jahre lang aufzubewahren ist.

9.9 Spezielle Umstände während der Wachstumsperiode, die die chemische Zusammensetzung beeinflussen könnten, wie z. B. extreme Wetterbedingungen, Schädlinge – besonders in der Erntezeit – müssen dokumentiert sein.

10. Schulung

10.1 Es ist außerordentlich empfehlenswert, die im Umgang mit dem Erntegut befassten Personen oder in der Leitung der Produktion eingesetzten Mitarbeiter im Hinblick auf Hygiene, geeignete Produktionstechniken und die sachgemäße Anwendung von Herbiziden und Pestiziden zu schulen.

11. Qualitätssicherung

11.1 Absprachen zwischen Produzenten und Abnehmern von Arznei- und Gewürzpflanzen bezüglich Qualitätsfragen, z. B. wirksamer Prinzipien und anderer charakteristischer Inhaltsstoffe, optischen und sensorischen Eigenschaften, Keimzahlbegrenzung, Pflanzenschutzmittelrückständen und Schwermetallen, müssen auf international anerkannten oder nationalen Spezifikationen beruhen und sollten in schriftlicher Form festgelegt sein.

Quelle: EUROPAM-Fassung August 1998, erschienen in: Zeitschrift für Arznei- & Gewürzpflanzen 1998; S. 166–174, © Hippokrates Verlag GmbH, Stuttgart

LITERATURVERZEICHNIS

ARBEITSGRUPPE Kräuter und Gewürze für Nutz- und Heimtiere: Kräuter für Nutz- und Heimtiere. Eigenverlag 2006

AUMÜLLER, Rudolf: „Dörrhüttl-Pass" und „Dörrhüttl-Pass II". Eigenverlag, 2009

BEISER, Rudi: Mein Heilpflanzengarten, Ulmer Verlag, Stuttgart 2012

DACHLER, Michael und Helmut **PELZMANN**: Arznei- und Gewürzpflanzen. Österreichischer Agrarverlag, Klosterneuburg 1999

GRAVOGEL, Veronika: Kräuter im Hausgarten. Österreichischer Agrarverlag, Wien 2002

HANS, Sabine: Extra dry. Die neue Lust am Trocknen und Dörren. Franckh-Kosmos-Verlags-GmbH & Co. KG, Stuttgart 2008

LIPP, Eva Maria: Trocknen und Dörren. Österreichischer Agrarverlag, Wien 2004

PIRC, Helmut: Wildobst. Leopold Stocker Verlag GmbH, Graz 2009

SAMWALD, Achim: Dörren, Früchte, Gemüse, Kräuter. Eugen Ulmer KG, Stuttgart 2007

SCHIEFERDECKER, Helmut: Das Trocknen von Gemüse und Obst. Verlag Dr. Sorger und Hempel, Braunschweig 1942

ÖSTERREICHISCHES LEBENSMITTELBUCH (Internetversion: www.lebensmittelbuch.at)

DEUTSCHES LEBENSMITTELBUCH (www.bmel.de)

SCHWEIZER LEBENSMITTELBUCH (www.admin.ch/gov/de/start/dokumentation/medienmitteilungen.msg-id-4117.html)

Aus unserem Programm

ISBN 978-3-7020-1484-1

ISBN 978-3-7020-1809-2

Leopold Stocker Verlag

Graz – Stuttgart

www.stocker-verlag.com